教室を知的に、楽しく！

授業づくり、学級づくりの勘どころ

吉川芳則 著

三省堂

まえがき

互いに信頼できる仲間がいて、笑いがわき起こる学級。目標に向かって協力して取り組むことができる雰囲気のある学級。そうした場で展開される授業は楽しいはずです。わかること、できることが保障された授業であるはずです。また、知的好奇心がかき立てられる学習活動が質的にも量的にも適切に施された授業が行われている学級は、温かく引き締まっているはずです。これは、学級担任制の小学校だけに限ったことではありません。

授業も、学級も、楽しいと感じられるようなものにするには、指導者としてちょっと意識して気をつけておけばよいことが結構いろいろあります。本書ではそれらを、わたし自身の経験やいろんな学校現場で実際に見聞きした事実を踏まえて、「授業づくり」と「学級づくり」の「勘どころ」(ツボ、ポイント)としてわかりやすくまとめてみました。

ありがたいことに、二〇〇七年四月から二〇一四年二月まで、『兵庫教育』(兵庫県教育委員会発行)という月刊誌に隔月で連載する機会を得ました。「学級づくり」をテーマにした見開き二ページを担当しました。当初は一年間(六回)の予定で始めましたが、年度末になると「もう一年」とお声がけいただいて、延長執筆を繰り返し、結局七年間にわたって小論を発信する運びとなりました。

連載テーマは途中で「授業づくり」へと変わりましたが、わたし自身の中では「学級づくり」と「授業づくり」は一体的に捉えていましたので、七年間、同じ調子で楽しんで書きつなぐことができました。

連載を始めるにあたっての編集担当者からの注文は、小学校・中学校・高等学校、特別支援学校のどの校種にも参考になるようなものをということでした。もう一つは、若手教員はもちろん、ベテラン教員も自身の指導のありようを見直すきっかけになるようなものをということでした。これら横と縦の広がりを意図した注文にきちんと応えられたかどうかはわかりませんが、連載中は多くの方からそれなりによい評価をいただきました。

本書は、『兵庫教育』に連載した四二編を中心に再構成し、一冊にまとめたものです。手にとってくださった方には、それらのうちのいくつかにでも共感、納得してくだされば、そしていやこうであるべきだとご意見をいただければ、望外の幸せです。

本書を編集するにあたり、連載原稿を四つの章に分けました。ですが、もともとそれぞれに完結した原稿です。どの章の、どの部分でも、興味のあるところからお読みいただければと思います。

発刊にあたっては、瀧本多加志出版局長、五十嵐伸編集長に格別のご高配を賜りました。また編集担当の細谷幸代さんには前著に続きお世話になりました。記して感謝申し上げます。

子どもも教師も、毎日の授業、学級（学校）生活をそれぞれに楽しめますように。いつも、そう願っています。

二〇一五（平成二七）年　五月

兵庫教育大学大学院教授　吉川　芳則

目次

第3章 授業を支える言語活動

第4章 授業研究を進めるために

第1章

授業づくりの基盤

―授業に生きる学級づくり―

よい教室の雰囲気をつくる

●教室をきりっとした空間に

子どもたちが毎日を過ごす教室は、明るさ、（よい意味での）厳しさ、そして温かさのある空間であってほしいと思います。きりっと引き締まった、意欲にあふれた空間、と言ってもいいかもしれません。そのために気をつけておきたい基本的なことを、いくつか挙げてみましょう。

●いつもきれいに

まずは、きれいな教室に、ということです。教室には結構ごみが出ます。小学校低学年では、定規や鉛筆があちこちに落ちてもいます。問題は、それらがずっと放置されていることです。

授業が始まる前、ごみがあちこちに目についたら、時間を取って拾わせます。下校の挨拶の前にも確認し、実行します。場合によっては、ほうきで掃かせないといけません。一回や二回の指導できれいになるなんてことは、まあないでしょう。根気よく続けます。

要は、だらしない状況が当たり前にならないようにすることです。教師もいっしょに拾いましょう。みんなの教室はみんなの手でいつもきれいにする、さわやかな教室でこそ充実した学習ができる、そうしたメッセージを発信し続け、意識づけたいものです。

●退勤前に教室へ

もう一つ気をつけて取り組みたいことは、先ほどのことと関係しますが、子どもたちが下校した後の教室へ、退勤までの時間に足を運ぶということです。終わりの会できれいにしたはずの教室も、残った子どもたちによってまた乱れることがあります。まして終業時にそうした確認ができていないときには、机の列は曲がり、いすが飛び出たままになっているものです。（時にはため息も出ますが）きちんと整えて、学校を出るようにしましょう。

こうした整理整頓の状況を自分の目で確かめること（＝子どもたちの生活、集団としてのありようを把握すること）は大事です。教室を放りっぱなしにしている教師は、乱れた教室のありさまを登校した子どもたちに毎日見せることになります。整った、きれいな教室で朝を迎える子どもたちと、ぐちゃぐちゃになった、汚い教室に登校する子どもたちとでは、心のありようが違って当然です。これらはちょっとしたことですが、放置しておくと、じわじわと教室の雰囲気を「汚染」していきます。翌朝子どもたちが登校する前に教室に出向く人も多いでしょうが、その日の反省、振り返りも兼ねて、できれば子どもたちが下校した後、退勤までに教室へ足を運ぶ習慣をつけたいものです。

●笑顔で受けて、笑顔を生む

笑顔のある教室、笑い声が聞こえる教室が望ましいことは誰もが了解しています。しかし、思うほどには実現していないかもしれません。

教師は、ついつい注意しがちです。説教も好きです。もちろん、子どもたちの言動を見ていると、言って聞かせないといけない場合が多々あります。しかし、必要以上にくどくどとやりがちです。そして、そうした注意・説教モードがだんだんと通常モードになってしまうのが、恐ろしいところです。

試しに朝の会や授業時間、教師が話す時間を少しだけ減らして、その分、子どもたちが話す場と時間を増やすようにしてみましょう。そして、彼らの話を（しかめっ面ではなく）温顔で聞くようにしましょう。先生が笑顔で受けてくれれば、子どもたちもにこにこしながら、いろいろなことを、ユニークに話してくれるようになります。

硬直した雰囲気からは、硬直した、つまらない発言しか生まれてきません。できるだけ子どもたちの自己表現を笑顔で受けるようにし、ユーモアと知性に満ちた、彼らの新たな自己表現を生み出すよう努めましょう。

●協働作業を頻繁に

教室の雰囲気をよくする手立ての一つとして、子どもたちどうしの協働作業をできるだけ位置づけるようにしてみましょう。それも授業の中で、です。

一時間中、子どもたちがずっと前を向いて、先生とのやり取りだけで展開するような授業ばかりでは（いくら教師が笑顔を前面に出したとしても！）彼らは楽しくないでしょう。互いに関わり合える場を積極的につくりましょう。

具体的には、隣の子と二人で、または四人グループで自分の考えを紹介する、課題について話し合うなどです。短い時間で、どんどんさせたいものです。

時にはトラブルもあるかもしれません。が、それを調整するのも大事な学習です。よい雰囲気をつくっていく土壌となります。明日からでもすぐにできる、簡単な取り組みです。

「よい教室の雰囲気をつくる」ためのポイント

＊凛とした、温かみのある教室に。
＊床のごみ、机やいすの整理整頓に配慮を。退勤前に教室をチェック。
＊授業中、笑顔で受け答えのできる教師と子どもに。
＊頻繁な協働作業で雰囲気づくりを。

思慮深い子どもを育てる教室に

学級づくりの方針を考えるにあたって、一人ひとりを思慮深い子どもにしていくことを目標に設定してみてはどうでしょう。

●「思慮深さ」を目標に

「思慮」とは「ここで何をすべきか、していいことか悪いことか、というようなことについての考え」（『三省堂国語辞典　第七版』）のこと。「思慮深い」というのは、物を言う、行動を起こす際に、ちょっと立ち止まり、一呼吸置いて考えられるということです。物事の節目節目に振り返りができることであり、自分のことだけでなく他人のことも考えられる、ということでもあります。上学年では、全体を視野に入れて考えられる、と言い変えられるでしょうか。

子どもだけでなく、大人であっても、大なり小なり自己中心的な面をもっています。自分のことばかり考える思慮に欠けた言動を行いがちです。子どもたちには、立ち止まり、振り返り、周囲を見渡して踏み出していくことを、発達段階に応じて意識させるようにしたいと思います。

●自己判断する場と時間を

思慮深い言動をとらせるには、自分の頭で状況を判断し、考え、行動に移す場と時間を与えねばなりません。

教室が散らかっていたとしましょう。きれいにしないといけないということで、「ごみを拾いなさい」「一人十個拾いなさい」と言うのは簡単です。指示したら拾うし、ごみもなくなります。初期の段階はそれでもいいでしょう。問題は、いつまでこのような指示を出し続けるのか、ということです。

新しい学級になって何か月もたっているのに、もう小学校低学年でもないのに、逐一「拾いなさい」「十個」と言い続けないといけないのであれば、それは情けないことです。「気持ちのいい教室にしよう」と言ったら、拾う、掃く、並べるなど、必要な行動をそれぞれが考え、短時間で（協力しながら）完了する個であり集団に育てたいと思います。

これは一つの例に過ぎません。自分で考え、判断し、行動に移すことを常に奨励する。なされたことによる結果については、小さなことでも必ず認め、ほめる。この地道な指導の継続が、思慮深さを育てることになります。ひとことでよいのです。できるだけ評価していきたいものです。

●書くことの重視

また、思慮深さを育てるために、書くことを大切にしたいと思います。ちょっとしたことであっても自分の考えを書きまとめるとなると、対象（物事）をしっかりと捉え直さなければなりません。立ち止まり、もう一度よく見つめ直すことが必要となります。

書き進める中で、当初の浅いレベルの考えは変わっていくものです。また、研ぎ澄まされていくものです。物事を正確に、深く、また広く捉えようとする姿勢や態度は、日常生活の中での折々の立ち居振る舞いに反映されていくだろうと思います。じっくりと物事に向き合う経験がない児童生徒に、よく考えるようにと言ったところで、詮ないことかもしれません。

だらだらしゃべるだけの教師の占有時間を子どもに返し、その時間を子どもたちが自分の思いや考えをしっかり書く活動に振り替えていきましょう。子どもたちが自己と向き合う貴重な時間になります。よく思い、よく考えるための書くことが、様々な場面で積極的に導入されることを期待します。

●児童生徒主体の授業、学級経営を

自己判断する時間や場の保障、書くことの重視、いずれも実践の中に位置づけて生かそうとすると、必然的に児童生徒主体の授業や学級経営を構想し、展開することになります。学習というのは、（実は教師の手をしっかり借りながら、なのですが）子どもたちが自分たちで深め、広げていくもの。学級という空間は、自分たちの手で楽しく価値あるものにつくり上げ、変えていくもの。そういう発想と雰囲気を浸透させたいと思います。

そのためには、教師も子どもも、ほんの少しであってもゆとりをもとうとすることが大事です。

ゆとりがないと、考えることも考えさせることもできません。手っ取り早く終わらせることに終始してしまいます。

ゆとりをもつ。これも大きな目標です。

「思慮深い子どもを育てる」ためのポイント

*子ども自身が自己判断する場と時間を保障する。授業に、生活に。
*書くことの重視。対象をよく捉え、よく思い、よく考えて書く態度を。
*ゆとりをもって、子どもの主体的な思考、判断、表現活動をサポートする。

学びの場を整える

●案外大事なちょっとしたこと

授業を見ていると、ちょっとしたことなのですが、きちんと確認（指導）すればずいぶんと学習が引き締まるのに惜しいなあと思うことがあります。些細に見えることも、積み重なると大きな荷物、障害物になります。これは生徒指導、学級経営はもちろん、教科指導にも当てはまります。学びを充実させるためには、それにふさわしい場を整えることが教師の仕事として不可欠です。

●聞く態勢をとらせる

授業の中で、教師は様々に指示を出し問いを発します。これから行う学習、作業に必要だからこそ言うわけですが、児童生徒の状況を確かめないばかりにうまく伝えられていない場合があります。

例えば研究授業でも、私語を交わしている子がいます。話し合い活動をやめないグループもあります。それにもかかわらず、次の指示や問いを平気で出すのです。ひとこと注意を促せばよいのにと思うのですが、時間も気になるのでしょう。平気で話し始めてしまいます。中には話そうとする教師を見ずに、ぼんやりと外を眺めたり友達の顔を見たりしている子もいます。そんな子らに気づいているのかいないのか、かまわず話し始めてしまう場合もあります。

いずれにしても、指示を出すこと、問うて先に進めることが大事になってしまい、学習者の聞く構えを育てる意識が希薄です。これは彼らが仲間の発言を聞くときの態勢のあり方に通じます。他者の発言を疎かにする空気を教室につくってしまうと、落ち着きのない授業を生み出します。

話す前に教室全体を眺めて確認すること、私語をやめて顔をこちらに向けるまで一呼吸待つこと（児童生徒が発言する際には待たせること）、聞く構えができていないことに気づいたら話し始めていてもやめること（やめさせること）。これらを地道に繰り返さねばなりません。

●声を出させる

「授業中の発表する声が小さくて」という嘆きの声をしばしば聞きます。教室へ行くと、なるほど発表する声はか細く聞き取りにくい感じです。ところが、教師は特段気にするでもなく、発表者は発言を終えると着席し、授業はそのまま進んでいくことが時折あります。どうして言い直しをさせないのでしょうか。「もう少し張った声で言ってみよう」「いいことに気がついたね。もう少しがんばって声を出してごらん」などと声をかけ、即座に再表現させたいものです。

中には言えただけでよしとする場合もあるでしょう。時間的に余裕のないこともあるでしょう。だからといって、いつも言い直しなしですませるのでは状況は改善されません。音声言語に関する指導は、その場で行うのが原則です。どこかの時点で、即応した実地指導がなされるべきです。

同様のことは、「おはようございます」のような挨拶や教科書の音読の声にも当てはまります。声をそろえて一斉に行う場合には「まだまだ出る！」「おへその下から声を出して！」「そうそう！　いい声！」のように、音読の最中にテンポよく指導、評価します。変化、高まり具合を実感させます。「先生の声に負けないくらいの声で言ってみよう」と具体的にイメージさせることも一案です。

声は出るのに出させていない、どれくらいの声量・速さがよいのか具体的に実感させていない。そうならないよう、意図的、積極的にはたらきかけていきましょう。

●課題（目的）や観点を明確に

ペアで、グループで意見を交流する活動は、主体性を高め、協議する言語技能、表現力を高めます。ところが、この話し合いがうまく機能していない場合があります。

原因としては、話し合いの仕方が指導されていないことが挙げられます。が、気になるのは、何を（何について）話し合うのかが明確になっていないことです。「グループで話し合いましょう」という指示で机を合わすところまではよいのですが、グループによっては「今から何を話し合うの？」という第一声が出されることもあります。関係のないことを雑談風に話す事態になる場合もあります。

「賛成か反対か」「なぜ○○はこうなったのか」「これらと違う事柄はないか」「いくつの原因が考え

られるか」というように、立場や数を求めるなど話し合う際の課題や目的、観点を明示して、限定的に話し合わせます。緊密な話し合いを順次求めていくように指導すべきです。

●好ましい「徹底」を

学びの場を整えるということは、指導がどの児童生徒にも浸透するように徹底するということです。その場の雰囲気で、いい加減、曖昧に彼らに向かっていては、伸びるものも伸びません。優しく、穏やかに、温かく、しかし、ゆるがせにしない厳正さをもって、子どもたちにとって本当の意味で親切な指導を心がけるということです。

「学びの場を整える」ためのポイント

*聞かせるときには聞かせる。話し手に意識が向き、傾聴する態勢が整っていない状況では話さない。話させない。

*声は出させる。よい声とはどういうものか、その場で具体的に示し、実感させる。

*何について話し合うのか、課題や目的、観点を明示したペア、グループの話し合いへ。

*指導においては、よき「徹底」を。優しく、温かく、全員に浸透させていく。

子どもとの関わりを深めるための聞くことを

●教師こそ「聞く力」「聞く技術」を

「ちゃんと聞きなさい」――これは、子どもたちによく言うことばです。しかし、聞きたくなる内容と話術を教師が備えていれば、子どもたちは「ちゃんと聞く」ようになるものです。教師のまとまりのない、思いつきの話を聞く忍耐力は、彼らにはありません。

一方、子どもたちの話はというと、こちらは往々にして整っていません。小学校低学年では「宇宙語」が飛び交うこともあります。教師のほうこそ、子どもたちの話を「ちゃんと聞く」ために相応の忍耐力と聞く力、聞く技術を身につけねばなりません。

●聞き上手に

まず、聞き上手になるよう努めましょう。教師は聞くことより、話し好き、説教好きです。もちろん、命の大切さや規律の重要性など、時と場に応じて積極的に語り、諭すことは必要です。

それにしても、子どもの言い分、考えを受け止め、聞くことが、毎日の生活や授業の中で、どれだけできているでしょうか。

その子には、その子の論理、見方や感じ方があります。しかし、それらはなかなか見いだしにくいのが現実です。その子は、何を、どんなふうに捉えようとしているのか。それは彼らが表現することの中から探るしかありません。聞き上手な先生でありたい所以です。

子どもたちが、昨日あった出来事を、自分の考えを、話してみたくなるような先生――そんな先生になりたいものです。多忙な毎日ですが、今日は（今週は）この子と決めるなどして、受容的、共感的に聞くことに努めましょう。

●体で聞く

「体で聞く」というのは、例えば授業中、発言する子のほうに体を向けて、その子の顔を（と言うより目を）見て、時には体を乗り出すように、また時には大きく（あるいは、ちょっと）うなずいてみたり、ほほえんだり、というような対応の仕方のことです。

発言者が、そして教室にいる他の子どもたちが、「先生は、一生懸命聞いてくれているな」と思えるよう、彼らの大小様々な声を、体全体で受け止めてみましょう。これは、そのまま子どもたちの聞き方の見本ともなります。

ただ、いつも、というのでは大変かもしれません。まずは、一日一時間。少しだけ意識して、体を使っての「話す―聞く」のコミュニケーションに取り組むことにします。毎日わずかな時間でも心がけていると、徐々に自分自身の聞き方になっていきます。

●聞き分ける

教師の聞く力が要求される一番の場面は授業中です。局面ごとに、様々な意見が、様々な形で、耳に入ってきます。指導者としては、それらの意見を聞き分け、整理をして、子どもたちに示していかねばなりません。

「今、四人は皆同じことを言っていましたね」「ここまで発表してくれたことをまとめると、大きく三つの中身に分けられそうです」という具合です。時には、「今の発言は、誰の意見と同じでしたか?」と尋ねる形で、出された意見を類型化することもあるでしょう。また、一生懸命言ってはいるけれどもうまく表現できない子に対しては、「今、○○さんの言ったことは、~のこと(面)に目をつけた意見でしたね」など、観点を示して他の子どもたちに伝える場合も出てくるでしょう。

いずれにしても、子どもたちの発言内容を的確に聞き分けることが必要となります。そして、そのためには、彼らより一段高いレベルで、話し合いの内容を把握できなくてはなりません。

ここで重要となるのが、教材研究の充実です。しっかり教材解釈ができている指導者は、その発言がどの観点から切り込もうとしているのかをつかみ、他の子の発言内容と関連させて、板書にも適切に位置づけることができます。子どもたちと同じようなレベルで聞き、その都度納得しているだけでは、論点を整理し、高次の学習に誘うことなどできません。

子どもたちの発言を聞き分け、新しい考えを生み出すための観点・材料を提供するのが、授業中の教師の重要な仕事であると認識したいものです。

授業の内外で、子どもたちとの関わりを深めるために、いえ深めるための取り組みの中で、自身の聞く力を少しずつ鍛えていくようにしましょう。

「子どもとの関わりを深めるための聞くこと」のポイント

＊話を聞こうとする姿勢を、表情で、体で示す。
＊聞くことが上手な教師になるように。
＊授業中は、発言を分類・整理できるように聞く。そのためには教材研究!

「話すことのモデル」をめざして

●話すことのモデル、手本に

教師というのは、話すことが多い仕事です。朝の会、授業、休み時間……。子どもたちに話す機会には事欠きません。同僚や保護者、地域の人に話すことも頻繁にあります。ところが、教師の話は長い、くどい、わかりにくい、という印象を、子どもたちにも、世間にももたれているようです。

教師は、子どもたちにとっての「話すことのモデル」「話し手としてのお手本」であってほしいと思います。

●よい表情で

例えば、朝の会で、子どもたちに「今朝見つけたうれしいこと」を話すとしましょう。そのとき、どんな表情で話しているでしょうか。授業中に子どもを積極的にほめます。どんな顔でほめているのでしょう。算数の導入場面や国語の読み深めの部分では、どんな目元、口元で問いかけているのでしょう。

子どもたちは、先生の顔を見て、目を見て、「何を話してくれるんだろう」と期待をもって聞いています。発達段階に応じた、その場に合った、豊かな表情で話し、語りかけ、問うていける教師でありたいものです。

まずは朝一番、今日の自分はどんな表情をしているか鏡の前でチェックして、無理にでも一度にっこり笑ってみてから、教室へ足を運びましょう。穏やかな表情が穏やかな話しぶりを生み、穏やかで温かい教室の雰囲気をつくります。

●よい声で

よい表情で話せるようになると、よい声が出るようになります。また、よい声が出る教師は、たいていよい表情で話しているものです。

よい声というのは、どっしりとした、落ち着きのある声です。さわやかで、凛とした声。そして、温かみのある声です。こうした、よい声を身につけようとすると、子どもたちに「声を届ける」という意識が出てきます。

口をしっかり動かして、ゆっくりと話すことを心がけましょう。大きくても柔らかな声、小さいけれど力強い声。毎日いろいろな声を子どもたちに届けたいものです。授業をしている自分の声を自分の耳で聞くことができるようになったら一人前、という言葉を聞いたことがあります。子どもたちに届く、よい声が出ているか――時には自身の声にも耳を傾けてみましょう。

●よい「間」で

教師というのは、教室の中で唯一自由に物を言うことが許されている存在です。ですから、勢い一人でしゃべり続けるということになりがちです。

言い続けたい衝動を抑えて、話の途中に「間」を置き、聞き手の子どもたちが進行中の話題について考えられる時間を設けるようにしましょう。

大学での授業のことです。忘れ物をした学生が多かったので、「どういうことだ！　前の時間に言っておいたはずだっ！」と一喝しました。そして、しばらく黙ってから、彼らの顔を見渡しました。八十人の学生が、真剣な顔つきでこちらを見ています。続けて、静かに、ゆっくりと言いました。「と、いつも叱ってすませることは簡単です。でも、これではなんの解決にもなりません。……」

教科の授業でも、問うたら待つのが原則です。しかし、これがなかなかできません。問いの後の「間」。これが保障できる教師をめざしたいと思います。

●「つなぎ言葉」を上手に使って

子どもたちの前で毎日話す人には、「つなぎ言葉」（接続語）を意図的、適切に使ってほしいと思います。「つなぎ言葉」をきちんと使おうとすれば、少しでも論の展開を構想し、まとまりのある話を意識しなければなりません。行き当たりばったりの話ではだめです。

まず、「しかし」などの逆接の「つなぎ言葉」に気をつけます。子どもは（そして教師も）、「それから」に代表される付加タイプの話からなかなか抜け出せません。物事を違った面から捉える思考を促すためにも重視します。

次に、原因・理由の「つなぎ言葉」です。結論を最初に述べ、「なぜかというと～からです」などのように続け、論理的で、明快な話をめざします。

「話すことのモデル」をめざして、毎日少しだけ意識して、子どもたちの前に立つようにしてみましょう。


「話すことのモデル」をめざすためのポイント

＊よい表情で、よい声で、よい「間」で話すことを、日々子どもたちに接する中で意識する。
＊「つなぎ言葉」を意図的に使い、論理的な話し方をめざす。

子どもを捉え、子どもから学ぶ

●子どもが書いたものを読む

「読む」という行為は、教師にももちろん必須のものですが、一般書や専門書だけでなく、子どもたちが書いた大量の文章を対象とするところが特徴です。

書くことは理解を深め、物の見方を育てます。授業で、日記で、というふうに、子どもたちに様々な形でどんどん書かせましょう。そして、それらをどんどん読みましょう。

●読んで、子どもを捉える

どんどん読むと言っても、粗雑な書きぶりのノートは読む気が失せることもあります。また、わずかしか書いていない力のないノートを見て、ため息が出そうになったりもします。

それでもその内容と量が、その子の今のありようです。取り組む姿勢、意欲、理解度などを示しています。丹念に読むことで現状を的確に捉えていきたいものです。子どもの文章を大切に読む教師は、子どもを多角的に、そして適切に捉えることができるようになります。

●読んで授業を振り返る

一時間の授業の最後に、今日の学習でわかったことをまとめて書かせたとします。学習課題がぴったりと合い、知的好奇心が触発された授業であったなら、子どもたちは意欲的に書きます。授業の中で発見したこと、書きたいこと、知らせたいことがたくさん出てきているからです。

しかし、学習活動の組み立てや問いかけが、教師から押しつけるタイプの授業であったなら（教師はそう思っていなくても、子どもがそう感じる授業であったなら）、貧弱な書き物しか出てきません。

学習した内容について子どもたちが記した様々なことばは、彼らから教師へのメッセージです。「ここは先生よくわかったよ」「今日は何をやったのかはっきりしなかった」などの内容を代弁しているとも言えます。授業、指導に対する評価言でもあるわけです。こうしたメッセージを丁寧に、真摯に読み取れる教師は、自分の授業を、指導のありようを着実に改善していくことができます。

●「読む」と「見る」の区別を

ここまで述べてきた「読む」ことの対象となるのは、ノートに記された子どもたち自身の「自分の考え」です。低学年の物語の学習において書いた吹き出しの中身や、算数（数学）の解法についての考え、理科の実験についての考察などです。体育のボールゲームの作戦カードの内容なども含まれるでしょう。これらの、いわば「わたしの表現」とも言えるものは、しっかりと（楽しんで）読んでいきたいものです。

一方、漢字や計算などの練習のようなノートは、「読む」というより「見る」という感覚でチェック、点検していくことになります。仕事する時間は限られています。「読む」べきものと、「見る」ことですますものと、両者の機能をわきまえて迅速に処理していかねばなりません。心得たいのは「読む」べきものをいつも「見る」ことですませないということです。

先生がきっちり読んでくれるから力を入れて書こう、という構えになっていきます。ちゃんと見てくれるから丁寧に書こう、ということになっていきます。ただ実際は、どれもこれも完璧に読んで、見て、というふうにうまくはいかないでしょう。大事なことは、そういう方向性、意識で子どもの書いたものに向かうということです。

●ひとこと、評価（感想）を

読んだら、赤ペンで線を引くとか、コメントを書き入れるとかして返却することがよく行われます。しかし、毎回、毎日となると大変です。もちろん、そうするに越したことはないのですが、こうした「読む」という営みを大事な教育活動として位置づけていくためには、とにかく続けることが必要です。赤ペンなしで口頭で内容を紹介する、感想を伝える、という評価の方法をもっと採用してもよいように思います。

返却後に「おもしろいなあと思ったのは、○○さんの考えでした。紹介しますよ。……」「みんなの意見は、○○と△△という二つのタイプに分かれました。代表的なものはね……」という具合です。抽象的な印象ではなく、具体例を示して言うことが大切です。先生はしっかり読んでくれている、子どもたちがこう感じるようでないといけません。

肩の力を抜いて子どもが書いたものを読み、彼らを捉え、彼らから学ぶことに努める毎日にしていきましょう。

「子どもを捉え、子どもから学ぶ」ためのポイント

＊子どもの書いたものを丹念に読んで、彼らからのメッセージをつかむ。つかめないと、生かせない。

＊「読む」と「見る」を区別し、読後の評価を。口頭のひとことでも可。

教育実践の計画を立て、さあ始動！

●一年の計は四月にあり

四月。子どもたちとの出会いの季節です。子どもも教師も、新鮮な気合いがみなぎるときです。充実した時間を過ごし、共々に成長を自覚できる一年にしたいものです。

そのためには、何を、どのようになしていくべきか、年度初めにあたって、ぜひ教育実践の計画を立てましょう。

経験の浅い人は別として、もう何年も教職経験のある人なら、「やっていくうちになんとかなるだろう」という感覚もなきにしもあらず、かもしれません。「教育は計画どおりにいくものではない」という意見もあるでしょう。だからといって、場あたり的に、思いつきの教育を行ってよいというわけにはいきません。何事も雰囲気で行われることが常になっている教室に、足腰の強い、背骨が通った実践は現出しません。

学級や学年、教科等の通信を通じて「宣言」する手もありますが、手持ちのノートにでもかまいません。「一年の計」を書き出してみましょう。大まかな内容でも可です。繰り返し確認できるよう、目にふれるようにしておくことが大事です。

●目標を定める

「一年の計」の眼目は、目標、願いの設定です。どんな子どもたち（学級）になってほしいか、ということです。教師側からすると、どんな子ども（学級）に育てたいか、ということになります。「たくましい子に」「思いやりのある学級に」というふうに包括的な言い方もできますし、「豊かな自己表現力を」「笑顔いっぱいの学級に」というふうに少し具体的な言い方もできるでしょう。「チャレンジ！」などスローガン的な表現にしたい場合も出てきます。

これは年間の指導方針でもあり、ゴールでもあります。定まっていないと、教育活動が迷走することになります。とにかく書き出して意識化し、その上で動き出すようにしましょう。とりあえずのことば・表現でスタートすることもありです。具合が悪くなれば修正すればよいのです。修正したいということは、めざすところを意識して取り組んでいる証拠ですから。学級目標を途中でバージョンアップ、というのも案外いいかもしれません。

要は、雰囲気でなんとなく子どもたちに接することが続かないようにする、ということです。

●目標をめざすプロセスを大切に

目標が定まったら、そこをめざして具体的な取り組みをしていかねばなりません。ただし、焦らずに、じっくりと、ねばり強く、が基本です。

まず、学校・学年行事など、目標に迫る出来事の位置づけを考えることになるでしょう。どのように彼らに与えていきますか。設定した目標との関連で、そこでどのような成長を期待しますか。

次に、授業でも（わたしは授業でこそ、と思っていますが）目標達成をめざします。年間のうち、どこの、どの単元に、どのように力を入れて、彼らの成長を促す機会としますか。これが抜け落ちてしまい、行事などのイベントだけで目標に迫ろうとしても、表面的なものになってしまいます。

また、目標を砕く作業も必要です。「たくましい子」とは、何が、どんなふうにできる子か。「思いやりのある学級」とは、どういう場面で、どのような行動、所作がとれる一人ひとりであり、集団であるのか。そうしたことをいつも頭に置き、節目節目に子どもたちに問いかけ、語りかけていける教師でありたいものです。

とはいえ、言い聞かせてすぐにできるものでもありません。「自分を表現するとはこういうことでもあるのか」「表情に出ないこんな笑顔もあるんだな」――そういうふうに、子どもたち自身が「目標」の具体的な中身、意味を実感的に捉え、わかり、発見し、自覚していく、そのプロセスこそが大切です。

●教師自身の目標設定を

子どもたちとともに、教師自身も、この一年で何をめざすか、そのためにどんなことに意図的に取り組むか、同様に明示したいものです。「しゃべりすぎの授業を直そう」「子どもたちとよく遊び、よく話そう」「実践記録を一本は書こう」など、技術系、意気込み系、省察系、なんでもかまいません。自己のキャリアアップを展望し、達成のための具体的な取り組み方法をセットにして計画してみましょう。

目標に取り組んでいる教師こそが、目標に向かっていく子どもを育てます。

「教育実践の計画・展開」のポイント

*教育実践の目標やそのための取り組みを書き出し、意識化する。
*子どもたちが実感的に目標達成へ向かうプロセスを重視する。
*教師自身も目標をもって実践を。

あなたの実践課題はなんですか？

●めざすところをはっきりさせる

どんな授業をめざしますか。それはなぜですか。そのためには、何を（少しだけ）変えていけばいいですか（変えていくつもりですか）。これらの問いに、自分なりにすぐ答えが言えれば、授業力はぐんぐん伸びます。若手は若手、ベテランはベテランなりに、日々の授業の中で何を目標とするか、実践する上での課題を定め、毎日の授業の中でちょっとだけ意識して取り組んでみましょう。

他人から見れば取るに足らないようなことでも、実践する際の課題を自身で定めること、そしてその課題を年間とおして意識すること。これで授業のありようはずいぶん変わります。

●自身の反省から

ではその実践課題をどのようにして定めるかです。基本は、これまでの自身の授業を振り返ってみて、うまくいかない、弱点だと感じているところに焦点を当てることです。しゃべりすぎ、解説すぎの一方通行の授業をしてしまうという反省があるなら、「導入部分での前時の確認を短くしよう」という実践課題を設定します。

また板書が平板、単調だとよく指摘されるのであれば、ポイントが端的に示された簡潔な板書、事柄と事柄が線で結ばれた大胆な板書を心がけるという実践課題となります。板書する事柄の数の上限を大まかに定めよう、チョークの色使いのルールを決めて毎時間（または毎日一授業分は）練習しよう、というふうに「決意」するのもいいでしょう。

●児童生徒の実態から

目の前の児童生徒の実態から実践課題を設定する場合もあるでしょう。子どもたちの様子や学力は学級ごとに異なりますから、本来なら授業のつくり方もそれぞれに変わります。

子どもたちの表現力が乏しいので、学校としてなんとかしたいという希望を聞くことがあります。そうした場合には、例えば発言する際に、意見とともに理由をセットにすることを徹底させようという実践課題が考えられます。またその前提としての、はきはきとした声、豊かな声量を得させるために、国語科の授業では授業の冒頭で短い音読活動を継続して取り入れようという発想もあるでしょう。

また、書くことでの表現力の伸長をと考えるなら、授業の最後にわかったことやなるほどと思ったことを二〜三行（または数行、二〇〇字程度など）で書きまとめさせるような授業づくりに取り組むという実践課題にもなります。

●教育界の動向や社会的要請から

実践課題の定め方のもう一つは、教育界の動向や社会的要請など、話題になっているキー概念に基づくものです。「ことばの力」「言語活動の充実」「思考力・判断力・表現力」など、これらに資する授業づくりのために工夫したり、気をつけたりすることを仮設して取り組んでみようというものです。例えば「言語活動の充実」の一つに、「説明する」という活動が重視されています。「説明する」ことを単元の中に、また一単位時間の中にどのように取り入れれば、思考力・判断力・表現力はもちろん、説明する力もつくでしょうか。国語科と理科、社会科と共通して「説明する」言語活動を位置づけることはできるでしょうか。各教科独自の説明の仕方があるのでしょうか。あるとすれば、どのようなことに気をつけて行わせればよいのでしょうか。

これらのことになんらかの答えを見いだすために、ねらいを定めて実践を試みようとすると、授業をするのがちょっと楽しくなります。

●日々の授業の中でこそ取り組める課題を

心得ておきたいのは、あまり格調高い課題を設定しないということです。研究授業の折にだけ意識しておしまいというよりは、日々の授業の中で少しずつ改善していける課題を設定したいものです。研究授業で集中的、本格的に考え、実践することで、授業力も学級の力も高まることは事実です。

その意味では、研究授業には積極的に挑戦していきたいものです。しかし、研究授業以外の毎日の授業の中で、授業技術や授業づくりの考え方を鍛え、高めていかないと、授業の質は向上しません。学校で共通する実践課題を定めて、全教職員が一丸となって取り組むこともよいでしょう。それとは別に、個人のささやかな実践課題をもう一つ設定できるなら、それもすてきなことです。

いずれにせよ、気軽に取り組める実践課題を年度初めや学期の初めなど節目節目でぜひ設定し、意図的な授業づくり、授業技術の向上をめざしましょう。

「実践課題を設定する」際のポイント

＊この一年、どんな授業をめざすか。そのために授業の何を（少しだけ）変えていくか、ぜひ決めよう。
＊これまでの自分の授業を振り返り、改善すべき「小さな課題」を解決する一年に。
＊児童生徒の実態や教育界の動向等に即して実践上の課題を見いだすことも。
＊格調高い、大仰な課題より、日々の授業の中で地道に取り組める具体的な実践課題を。

「聞くこと」の充実から始める学級づくり、授業づくり

●まず「聞くこと」の指導を

活気のある授業にしたいというのは、教師であれば皆願うことです。教室が暗い雰囲気では、そこにいるのも嫌になります。教え込まれるばかりで自己表現する場が乏しい授業では、学ぶ意欲も萎えていくことでしょう。だからといって、やたら「ハイ！　ハイ！」と大きな声で自由気ままにしゃべる光景が学びの場にふさわしいかというと、首をかしげたくなります。

もっと「聞くこと」の文化を教室につくり出さねばなりません。「どんどん発言するようにしましょう」と促すことは多いのですが、「じっくり聞き合いましょう」と言うことは少ないように思います。「はきはきと意見が言えてすばらしいね」とほめても、「じっくりと聞くことができて立派でした」と評価することは、ぐっと減るかもしれません。

しかし、「聞くこと」は全ての学びの基礎です。教師や友達の話をきちんと聞かず、自分の好きなことを思いつきのように言うことが常態化している教室では、学びに深まりも広がりも出ません。

学級経営、教科経営において「聞くこと」をこれまで以上に重視して指導し、児童生徒を育てるように計画してはどうでしょうか。

●「聞くこと」は創造的な言語活動

「聞く」というと、受動的なイメージがあって、静的な言語活動のように捉えられがちです。しかし、「聞くこと」は本来能動的で、創造的な行為です。なんらかの問題意識があって、それと話の内容に接点があると、必死になって内容を聞き取り、新たな自分の考えをつくり出そうとします。話し合うことも大切ですが、その前にもっとしっかり「聞き合う」ことに取り組ませるべきです。そうして生み出された自己の考えを的確に話し、伝えていくような活動を組織したいものです。

●聞き入る

一口に「聞くこと」と言っても、いろいろあります。「聴く」「訊く」などの字をあてて違いを説明する場合もありますが、ここでは複合語の形での「聞くこと」に着目してみましょう。まず「聞き入る」です。国語辞典では「注意を集中して、聞く」（『三省堂国語辞典　第七版』）とあります。こうした経験を、目の前の児童生徒はこれまでにしてきたでしょうか。そして、これからできるでしょうか。

子どもたちが聞き入りたくなるようにするには、よい話（話題）の収集と、落ち着いて聞ける環境づくりへの努力が必要です。何も特別な話題である必要はありません。身近なこと、身近なニュースでよいのです。たいそうに準備する必要もありません。話す前に一呼吸置き、皆の顔を見渡してから落ち着いた声でにこやかに話し始める。これだけでもよいのです。

朝の会、終学活などで、それぞれの先生らしく、短く（ここが大事です）語ること。ただし「伝えたい」「知らせたい」という思いをもって。そうすると、一回の話の中でも、声の調子、話す速さ、表情などに変化が出てくるものです。そして、そうした話しぶりは授業中の話し方にも転移していくはずです。授業に一部分でも子どもたちが「聞き入る」局面を作ることができたら、しめたものです。

本の読み聞かせ、国語科での教師の範読なども、絶好の「聞き入る」機会にしましょう。

●聞き分ける

「聞き分ける」という行為も、ぜひ子どもたちに身につけさせねばなりません。「分ける」という作業は基本的な思考作用です。分けるためには観点を設けて、その観点に即して分析し、判断しなくてはなりません。同じか違うか、いくつあるか、全体的か部分的かなど、これらの観点を意識しながら聞くことができると、よくわかり、創造的な「聞くこと」になっていきます。

授業中などに、教師の話でも子どもたちの話（発言）でも、終わったところで「今の意見は、さっきの○○さんの意見と同じでしたか、違いましたか」「今、○○さんはいくつのことについて説明しましたか」「今の意見は、まとめの意見ですか、それとも一つの例についての意見ですか」などと折にふれて尋ね、確かめてみましょう。毎度毎度では授業が進みませんが、継続して問うてみることで、聞く構え、聞き方が変わっていきます。

まずは常に自分の考えと対照しながら聞くよう習慣づけることからです。学年が上がれば、ノートに仲間の氏名とともに「同じ、違う」「賛成、反対」を記号なども使って、メモしながら「聞き分ける」ことに取り組ませたいところです。各人の意見の内容を簡単に記しておくこともできます。

●多様な「聞くこと」を一つずつ

この他にも「聞き通す」「聞き返す」などの「聞くこと」も経験させたいものです。一つずつ、いろいろある「聞くこと」を充実させることで、思考力・判断力・表現力等が育ち、仲間を大事にした、奥の深い授業展開が可能になります。

「聞くこと」の充実のためのポイント

*「聞くこと」が学級づくり、授業づくりの基盤だと強く認識すること。
*聞き入りたくなるような話題収集、ちょっとした環境づくり、語りかけが大事。
*「聞き分ける」ための観点を意識させる問いかけ、確認を折々に。

上手にほめて指導する

●怠りがちなほめること

今日は何人の子どもたちをほめましたか。全部合わせて何回ほど子どもたちをほめましたか。一日の終わりに思い出してみて、すぐに答えられたら立派です。

ほめることは大事だということはわかっています。が、指導しようという思いが強いとついついできていないことに目が向き、注意したり叱ったりしがちです。それで意気に感じてやる気を出してくれるといいのですが、多くの場合、思ったほど効果は見えず、重苦しい雰囲気となります。

また厄介なことに、こうした「注意モード」「叱りモード」は知らず知らずのうちに常態化していきます。そして、そのことに当の教師自身は案外気づいていません。子どもたちはというと、毎度のようになっている教師の愚痴を「またか」という思いで聞き流すことになります。子どもたちのためにとやっていることが、彼らとの心理的距離を広げ、彼らの学ぶ意欲、行動力を減退させています。

●皆ほめられたい

小学校の教師になったばかりのゼミの卒業生が研究室を訪ねてきました。聞いた多くは苦労話でしたが、うれしかったこととして話題に出してきた中の一つが、ほめることに関するものでした。

学級に、結構手がかかる男の子がいるのだそうです。それでもある日、授業中にふとしたことをほめることになりました。そのときは特に変化も見られなかったのですが、その男の子、放課後に学童保育所へ行った際、ほめられたことを指導員の方にとても喜んで自分から話したというのです。そのことを指導員さんが男の子のお母さんに知らせたところ、後日お母さんが「この子にもほめられるようなところがあったんですね……」と教室でしみじみと話されたとか。

この子は学校でも家庭でもあまりほめられたことがないのでしょう。いやその卒業生が心に届くほめ方をしたのかもしれません。どの子もほめられたい、認めてもらいたいと思っています。積極的にほめましょう。まずは一時間の授業で一回。今日はこの子を三回以上と集中型でもいいでしょう。

●同じ観点で繰り返しほめる

学ぶ力を伸ばすには観点を明確にしてタイミングよく、根気強くほめることです。「張りのある声で落ち着いて読めたね」「これまでの意見と違う点をはっきりさせて言えてすばらしい！」など、身につけさせたい学び方（学習の仕方）を意図的に取り出し、簡潔にほめるようにします。

ノートの使い方や作文の内容は、朝学活のような時間に別途ほめることはできますが、先の内容などはその場で取り上げ、何がよかったのか具体的にほめることが大事です。ある程度定着するまで、間はあいても繰り返しほめることで、期待する学び方は身についていきます。

●よき変容をほめる

また同じ観点での上達ぶりをほめることも忘れないようにしましょう。「ずいぶんいい声になってきたよ。おなかの底から声が出るようになってきたからだね」「一か月前に比べると、グループでの意見の聞き方がとても落ち着いてきました」のように、よい方向で変容していることを評価するようにします。このようによくなっているのだなと子どもたちが自覚できるようになったら、その面での成長は加速度的に促進されます。先生はわたしたちの伸びるところをいつも認めてくれる、そう思える子どもたちでいっぱいの教室には、自ら学ぶことのエネルギーが満ちてきます。

●意識して見る

同じ観点で繰り返しほめたり、よき変化を認めたりしようとすると、子どもたちの学習ぶりをしっかり見るようにしなければなりません。もちろん個人、学級の課題は把握しておくようにします。その上で、「この点についてはここまでできるようになった」「このことにだいぶ気をつけられるようになってきている」という具合に、毎日の生活、授業の中で意識を向けるようにしていきましょう。

その子のちょっとしたよさ、学級のわずかな向上は、見つけようとしないと見つからないものです。事実のメモや記録をうまく活用すると、点を線にしてほめることが意図的にできるようになります。

●ほめ上手な先生に

「ほめるモード」を教室につくりましょう。指導に厳しさは必要ですが、ほめることが前提となっていること、ほめることとセットになっていることが大事です。ほめ方にもいろいろあります。授業でのほめ方と休み時間でのほめ方は、異なる部分があるはずです。発達段階や子どもたちの状況によっては、ちょっと大げさにほめたり、逆にさりげなくほめたりすることも必要です。校内にはほめることの上手な教師が必ずいます。見習い、自分の技にして、ほめ上手な先生をめざしましょう。

「上手にほめて指導する」ためのポイント

*子どもたちは皆ほめられたいと思っている。そのことの確認を今一度。
*同じ観点で継続してほめる。それが学び方を育てることになる。
*学びのあり方をよく観察し、よき変容（成長ぶり）を積極的に評価する。
*子ども、学級を意識して見るようにしないと、ほめることは見つからない。

積極的に評価のことばを

●評価のことばは足りているか

授業中どうも子どもたちの反応が鈍い。乗ってこない。おかげでこちらもちょっといらいらした感じになって、淡々と進めてしまう。そして、ますます彼らの反応は芳しくなくなる。こういう（どちらにとっても）ストレスフルな授業は結構あります。教師であれば、誰しも楽しく授業をしたいと願いますが、なかなかうまくはいかないのが現実です。

こうした事態になる要因の一つに、授業の中でのちょっとした声かけの不足があります。ほめる、認めることも含めた評価のことばの不足です。

●具体的に

「すごいねえ」「いいなあ」「がんばったね」などのことばがけは、難しい顔をして文句や注文をつけるだけよりはよほどましです。しかし、毎度毎度これらの全体的、抽象的なことばだけでは、ほめられていることの意味が、子どもたちの中に入っていかなくなります。評価のことばにはなりません。受け手が実感でき、納得できる観点で、具体的な評価のことばを投げかけていかないと、彼らの学習の成長を促すことにはなりにくいでしょう。

●丁寧さを

まずは学習ぶりの丁寧さに対する評価です。以前、小学校一年の国語の授業を拝見したときのことです。三学期、経験年数の少ない方の授業でした。もちろんまだまだ荒削りですが、子どもたちは伸び伸びと発言し、日ごろの人間関係のよさが伝わってきました。

授業の中でちょっと驚いたことがありました。ある問いが出され、子どもたちが書き始めたときのことです。目の前の男の子のノートの文字が実にしっかりしているのです。字形も整っています。何より筆圧がしっかりしていて文字がくっきりしています。上手に書ける子なのかなと周りの数名のノートをのぞきましたが、皆ます目いっぱいの大きな文字で、一生懸命書いています。妙な鉛筆の持ち方の子もいます。中には書けない子もいることでしょう。それでも少なからず力強い文字で書く一年生がいるクラスでは、地道な指導が継続されているに違いありません。

授業後、教室を出る前に、まだ書いている一人の男の子の背後から「しっかりした字で、丁寧に書いているね」と声をかけ頭をなでました。振り向いてにっこりしたその子の表情に、こちらもうれしくなりました。同じようなことは、中学校二年の社会の授業を拝見したときにも経験しました。

ノートに限らず、資料の調べ方、説明の仕方、道具や器具の準備や後始末の仕方など、目についたときでよいのです。子どもたちの学習ぶりの丁寧さを、ひとこと具体的に評価する習慣を身につけたいものです。

●よい見方、考え方を

もう一つの評価の観点は、学習していることに対する見方、考え方のよさ、ユニークさです。授業中、自主的であれ指名であれ、発言がなされた際、教師は何かを言うことになります。発言をそのまま繰り返す「オウム返し」は授業のテンポを悪くしますし、子どもの聞く力を育てませんから論外ですが（とは言え、それなりの頻度で目にします……）、どんなことばを彼らに返しているでしょうか。「なるほど」はよく使うことばです。これは次の発言を促す効果もありますが、時には、何が、どう「なるほど」なのか伝え（評価し）、質の高い学習へ展開するよう配慮しましょう。

どの発言に対しても逐一評価していたのでは時間が足りません。聞いている側も煩わしいですので、学習の深化拡充に関係する発言、ユニークな発言に限って言うようにします。

一つは、これまでとは異なった観点での発言のとき。「これまでとは違ったところに目をつけているのが、いいですね（さすがですね）」「○○という違ったところからの考えを出してきましたよ。これはすごい」などがあります。

もう一つは、同じ観点での発言でもその理由づけに深みやユニークさがあったときです。「○○ということばを使って、さらに詳しく説明してきましたね」など、見方、考え方のよさを具体的に評価すると授業に勢いをつけることができます。こうした見方、考え方に対する評価は、発言内容だけなく、彼らが書いたものに対しても同様に行うことができます。

●その学年らしさを強調して

述べてきたような教師の具体的な評価言は、少しずつ授業をよい方向に向かわせるはずです。丁寧さも、見方、考え方のよさも、「さすが○年生らしい学習だね」「○年生らしい学習の仕方になってきたね」「まるで（一つ上の）○年生のレベルだ」と、自負、自覚をもたせる方向で、日々（可能な範囲で）積極的に評価しましょう。授業中にこそ、です。

「積極的に評価のことばをかける」際のポイント

＊授業中、学習に対する評価のことばが不足してはいないか。意識してひとことだけでも。
＊「すごいねえ」もいいが、何が、どう「すごい」のか、具体的に評価を。
＊丁寧な学習ぶりを評価しよう。ノートの文字や書き方、調べ方、後始末の仕方も。
＊よい見方、ユニークな考え方の発言を簡潔に評価し、授業の質を発展させる。

子どもたちに発言の場と機会を

●子どもたちの発言が少ない授業

教師が話す（説明する）ことが多い授業から、子どもたちが話す（説明する）授業へ転換するようにと、いろいろな場で話しています。何もわたしが言わなくても、誰でもわかっていることです。にもかかわらず、教師一人がしゃべって子どもたちは黙ったまま、という授業は結構見かけます。

もう一つは、一見、子どもたちの発言で展開している風ではあるけれど、実のところは、活発な子、もともと発言力がありそうな子数名が繰り返し意見を述べるにとどまっている授業です。

いずれのタイプの授業にも共通しているのは、（一部でなく多数の）子どもたちの発言する場が保障されていない、（結果的に）機会を保障しようとしていない、ということです。

●発言する力は、発言してこそ

もちろん全員が必ず発言しなければいけないなどと言うつもりはありません。授業への参加の仕方は様々に考えられます。子どもの性格や事情、授業進行上の問題もあるでしょう。発言はなくても、よく聞き、考えて新たな発見ができた。わかったことを適切にまとめて書けた。そして、それによって学ぶ喜びが得られた。そういうことはあります。

それでも毎時間、毎日、発言しない授業参加のあり方が好ましいとは言えません。自分の考えを皆の前で主張する、伝えることは、一人の人間として身につけさせたい力です。その時間では発言できなくても、次の時間にはと願います。一か月後にはとも思います。

とにかく授業の中で発言できるよう導かねばなりません。発言力、発言への意欲は、実際に人前で意見を言う経験を積んでこそ高まります。自然に任せておいたのでは、気の弱い子、発言しなくてもよいと考えている子が意見を言うことは、まずありません。発言を促す仕掛けが必要です。

●機械的であっても

例えば、発問し、自分の考えを短くノートに書かせた後であれば、挙手させずに座席順に（座ったままでも）発表させることができます。逐一教師が解説していてはテンポが悪くなりますから、うなずきながら聞くもよし、「違う考えが出てきたね」と板書するもよし。列の人数分の意見を聞いて、「〇〇という意見が多かったね」「〇〇という考えと〇〇という考えがあったね」と整理して示します。「どんな意見が出ていましたか」と整理させる手もあります。（ただし、しっかり聞いてやることには気をつけねばなりません。ぞんざいな聞き方では発言意欲は萎えていきます。）

縦に、横に、斜めにというバリエーションも取ります。いつも同じ方向ではなく逆から、列の途中からと変化もつけます。グループになっていれば、座席の場所で「各グループの二番の席の人」というふうにもなります。機械的な指名にはなりますが、一応の考えをもてている場合、多様な考えが認められる場合などには効果的です。後の順番の子は、発言への心づもりができる利点もあります。

●「この子」の発言力をこそ

こうした単純なきまりによる指名に加えて、授業のしかるべき場面で「あなたはどう考えますか」と、教師が意図的に指名することも積極的に行う必要があります。授業のはじめはやる気のなさそうだった子が、何かのきっかけで目の色や顔つきが変わることがあります。そういうときこそその雰囲気を感じ取って指名をし、発言を促したいものです。「この子」の発言力を伸ばすチャンスです。

また発言力の弱い子を鍛える意味で、一時間に一回（あるいは二回、三回）はその子に問いかけよう、そう決めて授業に臨むことにも取り組んでみましょう。最初は嫌がるかもしれませんが、言い慣れていないだけです。加減しながら辛抱強く、発言の経験を積ませます。三日間とか一週間とか期間を限定して、一人ずつ自信をもたせていくようにします。

子どもたちの相互指名を取り入れている学級、授業もあります。主体性の面から効果があるのでしょうが、結果的に特定の子の発言で終始する場合も少なくありません。できるだけ違う人を指名するなどのルールがあっても、発言が偏ってきたら、「〇〇さんはどう？」と教師が指名し、発言者と発言内容の多彩さを求めるべきです。「蚊帳の外」の学習者を作らないように努めねばなりません。

●発言を「パス」することも認める

いろいろな形で意図的に指名し、発言を促そうとしても、口ごもってしまう子もいるでしょう。そういう場合には、発言することを「パスします」と言ってすませることも認めてはどうでしょうか。この「権利」、安易に使い過ぎるのも考え物ですが、発言（発声）したことにはなります。逃げ道をつくっておいてやり、まずはとにかく声を出させること。そして、そこから次の段階へという発想です。

一時間に一回、午前中に二回までなどのルールを決め、どこでこの「権利」を使うか、それは各自で判断させます。鍛える途上の指導の一つとして、緩やかに、ユーモラスに使わせたい「権利」です。

「子どもたちに発言の場と機会をつくる」際のポイント

＊発言させねば発言力は伸びない、そう心得て授業に臨む。
＊内容によっては、列指名などの機械的な発言の機会も必要、有効。積極的活用を。
＊まずは「この子」の発言力をという発想。一人ずつ着実に伸ばしていく。
＊発言を「パスします」と、声に出させることから始め、徐々にステップアップを。

授業における発言力を伸ばす

●授業における発言

授業中、示された課題について子どもたちが積極的に発言する。尋ねたことに次々意見を述べる。多様な意見が出されると授業に深まりと広がりが生まれますから、大事な授業の要件です。

しかし、ただ発言が続けばいいのか、という問題もあります。もちろん、まずは皆の前で意見を述べることが大事ですから、発言が出されたらよしとする状況もあるでしょう。それでも、いずれは何をどのように発言することが望ましいか考えねば、授業に質の向上は期待できません。

●単語でなくセンテンスで

授業中の発言の仕方で気になることの一つに「単語発言」があります。「どんなことがわかりましたか」という問いに対して「少ない」と答え、「主人公○○のこのときの思いは、どうだったでしょうか」と問えば「悲しい」のひとことでおしまい。こういう調子で発言する子どもが時折います。

問題は、こうした発言を教師が見逃している、またはよしとしていることです。「(私は)〇〇の部分が少ないことがわかりました(少ないと思います)」「悲しい気持ちでいたと考えます」のように、主述を整えて最後まで責任をもって言うように指導し、その場で言い直しをさせないといけません。はじめは面倒がるかもしれませんが、そういうものだと思わせると、できるようになっていくものです。きちんと整った説明ができないのでは、筋道を立てた思考も表現もできないまま、ということになります。単語でぼそっと言うのでなく、きっちりセンテンスで言い切らせるようにしましょう。

●異同を明確にして

限られた授業時間の中で生産的な学習がなされるには、多様な意見の交流が欠かせません。違った角度、視点からの捉え方、見方は、新たな発見を生みます。

発言は多様であることが望ましいのですが、実際には同じような内容が続くことがしばしばあります。これは他者の発言をちゃんと聞いていないことの現れです。また自分の言いたいことだけを言う(他人の考えはどうでもいい)ということでもあります。入門期の一年生なら(全く)同じ発言が連続してもいいでしょうが、基本的には「聞き合う」個、集団をめざさないと、こうした「繰り返し発言」は解消されません。「よく聞いていたので、違った考えをつけ加えることができたね」というひとことが効果的です。もちろん結論、主張は同じであってもかまいません。が、そう考えた理由は自分なりのものとして深まりをもたせたいと思います。

よく行われている「〇〇さんと同じで（違って）……」と言ってから自分の考えを述べる発言の仕方を意識づけることがあってもよいでしょう。ただ、「同じで」と言いながら同じでないことも結構あります。「あなたの意見は〇〇についてのことだから同じではないね。『違って』と言うといいね」と教え、一時間に一回でも言い直しをさせるようにすると、的確な言い分けへの意識が高まります。

●体験や知識をもち出して

なぜそのように思ったり考えたりしたか、理由を言うことが発言の際には必要です。この理由を多様、多角的に述べることができると授業に深まりと広がりが出ます。個人にとっても、見方、感じ方が豊かになります。（先には、異同を明確にすることの観点からこのことを指摘しました。）

多様に、多角的に理由づけするには、説得力のある、個性的な発言ができなければなりません。そのために子どもたちに意識させたいのは、体験を通して実感したことや、人との関わりやメディアを通じて知ったこと、思ったことなどを取り上げて発言することです。「このことに関係することとして、こんなことがありました。……」「〇〇で見たことですが、……」というふうに、言いたいことと体験、知識とをつなげて発言できると、聞き手も「なるほど」と思います。

ただし、だらだらと長い発言になることは禁物です。いきなりは無理でしょうが、簡潔に体験や知識を引き合い出して発言できるよう、少しずつ指導していきましょう。

●根拠（事実）と理由を言い分けて

授業での発言は、結論（主張）だけ言って終わりというのではなく、理由をセットにすることの習慣化をめざします。さらには発言の質も高めていきましょう。根拠（事実）と理由の言い分けです。「このことについては、○○だと思います。なぜかというと……だからです」という言い方でまずはいいでしょう。しかし、「なぜかというと、○○と書いてある（言っている）からです」では、理由を述べたことにはなりません。理由づけするもとになる根拠（事実）を指摘しただけです。「○○と書いてある（根拠・事実）ので、……ということがわかります。だから（理由）、……だと思います（主張）」のように、根拠（事実）と理由を言い分けて、論理的に発言できるよう導きましょう。

「授業における発言力を伸ばす」ためのポイント

＊発言は、単語ではなく、センテンスの形で。文末まできちんと言い切らせる。
＊自他の意見の異同をはっきりさせた発言を。前提として他者の発言はしっかり聞かせる。
＊体験、既有知識を入れた発言は、具体的でわかりやすい。説得力が出る。
＊発言の際、理由を言うことは基本。根拠（事実）と理由の言い分けにも意識を向けさせる。

対話的に書いて、子どものやる気を高める

●子どもへのコメント

ノートに、日記帳にと、子どもたちに対して毎日いろいろなコメント、ことばを書きます。一文、一語もあれば、比較的長文になる場合もあります。短時間に、たくさんのコメントを、様々な質で書かねばなりません。せっかく書くのですから、子どもたちにとって意味のあるものにしたいものです。

●素直にがんばりを認める

苦い思い出があります。小学校の教師になって三年目のこと。耐寒マラソンの賞状の文面を職員室で考えていました。参加日数が不足の子には努力賞を贈ります。軽い感じで「もうちょっとがんばれば優秀賞だったのにね。残念でしたね」のような類の文言を書き、仕事を終えた気分になっていました。そこへ校長先生が来られ、賞状の文言をご覧になるとひとことおっしゃいました。「子どものがんばりを素直に認め、ほめてやることが大事。次、がんばろうと思えるようなことばでないと」と。

血の気が引きました。子どもの思いをよそに、雰囲気で考えただけの自分が恥ずかしくなりました。同じ学校の前任の校長先生は、新米教師の私に「とにかく子どもをほめてやりなさい。激賞してやりなさい」と、ことあるごとに教えてくださいました。が、何もわかっていませんでした。

●対話的に

戸田唯巳『「作文嫌い」はこうして生まれる』（明治図書、一九九二年）では、作文指導の留意点として一六項目を示しています。その中の「赤ペンでケチをつけるな」の項目で、次に示すような小学校低学年における二つのタイプの赤ペンの例を挙げています。

A「こんどの作文もおもしろかったよ。ベソをかいている良ちゃん（弟）のかおが、うかんでくるよ」

B「題は『お母さん』より『お母さんのわすれもの』とするほうがいい」「習った漢字をできるだけ使うように」

そして、Aの指導を受けていた学年ではよく書き、赤ペンを何度も読み返していた子が、学年が上がりBの指導を受けるようになってからは作文も見せなくなり、書かなくなったという母親の話を紹介しています。戸田氏は、子どもとの対話を生む赤ペンを提案し、そのための留意点として「わかりやすく」「多く入れるな」「子どもが楽しみにしたり、励みを覚えたりするもの」を挙げています。作文指導に限らず、いいところを見つけ、尋ねたりほめたりする赤ペン（評価言）にしたいものです。

●子どもの事実を記録する

通信表の所見を書いたり個別懇談で話をしたりする際に、その子がどんなことをしたか具体的に思い出せないということが、残念ながらあります。「その子らしさ」を表す直近のエピソードを三つ、どの子についてもすぐに言えるでしょうか。

目にしたその子のいいところを（時には気になることも）ひとことだけでも書き留めておきましょう。これも広い意味での子どもとの対話です。何に書いてもかまいません。続けると、見方、関わり方の癖や偏りがわかるようになります。「今日はこの子のいいところを……」と決めて教室に向かうようになります。ほめ上手な先生に、自然になっていきます。

対話する感覚を大切に、子どもたちへのメッセージを書いていきましょう。

「対話的に書いて、子どものやる気を高める」ためのポイント

＊コメントを書く際には、長所を積極的に見つけてほめる。
＊赤ペンは、簡潔に。子どもが楽しんで読めるものに。
＊子どもの事実をこまめに記録する。

第2章

確かな授業づくりに向けて

「学習」を「指導」する

●子どもが気楽なままの授業にしない

教師は一生懸命になって説明しているのに、それをじっと聞いている子どもは涼しい顔。時折、こういうタイプの授業に出会います。一時間が終わると教師はどっと疲れるでしょうが、子どもの元気はあり余っています。

授業というのは、子どもたちが学習する時間であり場です。いくら多くの教授活動（教師の活動）があっても、児童生徒の学習活動が充実していなければ、それは授業ではありません。

子どもが自力で目の前の学習に懸命に取り組み、友達と助け合いながら課題を解決していく。その過程では、まさしく額に汗するでしょうし、心にも、頭脳にも、たくさん汗をかくことでしょう。先生一人が汗だくになっていたのでは、全く話になりません。

授業は時間的、活動量的に原則として「学習活動のほうが教授活動より多い」という図式で構成されるべきものです。

●教師の話の時間を半分にする

教授活動の最たるものは、指示、発問、説明などの教師の話です。そこで、例えば「現在自分が授業中に話している時間を半分にしてみよう」と試みたらどうでしょう。どんな授業に「変身」するでしょうか。

まず、自分が授業でどれくらいしゃべっているのかを客観的に捉えないといけません。（そのためには、自己の授業のＶＴＲ録画とその記録起こしの作業が有効となります。）トータルして二〇分間話しているとわかれば、それを一〇分に減らそうとがんばるわけです。

話す時間が半減すれば、その短くなった時間の中で、どんなことを、どのタイミングで、どのように言うべきか吟味しなくてはなりません。そして、浮いた時間をどのような形で子どもたちに返すのか、このことについても授業のあり方を練り直さなければなりません。子どもたちの「学習活動」として、どのような内容を構成するか検討することになります。まさしく、自己の授業改造です。

もちろん時間を実際計らなくても、日々の授業の中で自己のおしゃべりを大幅に減らそうと考え、実行することでもかまいません。話す時間を半減してみようと努力し、意図的に授業を変えてみようと取り組む姿勢が大事です。

●徹底する

同じようなことでいうと「甘い授業」もだめです。国語の授業の導入段階で、当該場面を代表者数名に音読させたとしましょう。代表の子は読むでしょうが、その他の子の中に、教科書に目をやらず、よそ向いている子がしばしば出てきます。そのときにストップをかけ、読む態勢を全員に取らせ、それを確認してから代表者の音読を再開させねばなりません。これを見逃すと「甘い授業」になってしまいます。

読むときにはしっかり読ませる。書くときには丁寧に（時には素早く）書かせる。聞くときには話し手の声に傾注させる。妥協せず、子どもたちの学習ぶりをきちんと見届け、不十分であれば適切に指導すべきです。

何も厳しく注意することを奨励しているわけではありません。笑顔で促すこともできます。沈黙を置くことだけでも可能です。要は、学習にきちんと向き合わないといけないのだよ、曖昧な学習の姿勢は認めないのだよ、そういうメッセージを常に送り、学習、授業のルールとして意識させ、徹底させてほしいと思います。そうでないと、授業が引き締まりません。

●「学習」の「指導」という発想

教師中心の授業から子どもが活躍する授業へ転換を図るということは、言い方を変えると、子どもたちの「学習」を教師が適切に「指導」する授業へ変えていこうということです。

もちろん教師も授業の中で活躍しなければいけません。しかし、その活躍が子どもの「学習」を支え、励まし、引き上げるためのもの、子どもの意欲を高め、達成感を得させるためのものでありたいということです。

「学習指導案」というものがあります。これは、子ども自らが主体的に行う「学習」が確かに展開するように、教師が「指導」するためのプランを指します。教師が一方的に授業をするイメージがある「指導案」でも「教案」でもありません。

やさしさの中に厳しさがある「学習」の「指導」に邁進しましょう。

「『学習』を『指導』する」ポイント

＊教師の話す時間を半減させてみるなど、児童生徒の学習活動の時間が教師の教授活動の時間より多くなるよう授業設計をする。

＊授業中の話す、聞く、書く、読むの活動をきちんと行わせる。学習に向き合わせる。徹底する。

もう五分、子どもに返す

●楽をさせ過ぎないように

時折「のんびりしてるなあ」と感じる授業に出会います。ゆったりとして、落ち着きのある授業というのは大事です。が、子どもたちがいかにも暇そうにしている「のんびり」なのです。教師の発問や指示に聞き耳を立てているふうでもありません。ノートに書くといってもすぐに鉛筆を走らせるわけでもありません。

つまり、「思う」とか「考える」とかいうことが、さほどなされていないといった感じなのです。でも、授業者はそんな様子を気にしているようでもありません。

授業中の子どもたちには、あまり楽をさせ過ぎてはいけません。ゆったり温泉につかっているような雰囲気ばかりで授業が進んでいたのでは、思考力や想像力は育ちません。

何もスパルタ式にせよと言うのではありません。教師だけが一生懸命で、子どもたちは涼しい顔でいる。そういう構図から脱して、子どもたちが必死になって考えるような場面が、せめて一時間に一回は見られるような授業をめざしたいと思います。

子どもたちが苦労していない要因の一つには、「学習」（子どもたち自身が取り組む）活動が少ないということが挙げられます。

端的な例は、教師の説明がとにかく多い（つまり、子どもたちは聞くことが中心の）授業です。もちろん、先生の話を「聞く」のもりっぱな学習活動ではあります。（「聞く」という行為は、元来、能動的で創造的なものですから。）しかし、一時間の授業のほとんどを聞くことで占められてしまうと、さすがに集中力も、意欲も減退します。

●もう五分、子どもに返す

原則として、小学校なら一時間の授業は四五分、中学校、高等学校は五〇分。このうちの五分を子どもたち自身が話し合い、書き、調べるなどの「学習」活動を行う時間として、新たに設定することを考えてみてはどうでしょうか。

言い方を変えると、教師が占有している時間から五分を「子どもに返す」のです。もともと授業というのは、子どものためのもの。教師が奪っていた時間を持ち主に返そうということです。

こう言うと、「ただでさえ時間がないのに五分なんて無理」という人もいます。そういう方には「五分間あなたの話をカットしてみてください」という注文を出すことにしています。また、「すでに『学習』活動として保障している」という方には「では、もう五分」とさらなる要求を出したいと思います。もっと「学習」活動の時間を捻出できないか、ということです。

●短い時間の「学習」活動を頻繁に

もちろん一回にまとめて五分をというのは難しいでしょう。そこで、子どもたちに返す時間を細分化し、一時間の中に頻繁に設定することを考えてみます。例えば、導入段階で一分、展開段階で二分、まとめの段階で二分。これで五分です。展開の二分を一分×二回とすることも可能です。

自分の考えをクラス全員に、隣の子に発表し合う。ノートに、黒板に、クリップボードのようなものにも書く。友達に、先生に尋ねる。実際にやってみる、見てみるなど。これらの「学習」活動の中には、一分間、二分間で手際よく、さっと行えるものが結構あります。（「三〇秒で」ということもあるでしょうか。）時間が短すぎて何もできないという前に、一分、二分でできるように指導していくことも大切です。

完成をめざす活動、答えを出してしまうための活動ではありません。新たな思考を展開するための手がかりが得られればよいのです。一分、二分の「学習」活動を開発してみましょう。

●「五分を返す」から授業を構想する

一時間の中のどこで、どのような形で、計五分間を子どもたちに返すか。この「子どもたちに返す時間」を授業の中に明確に位置づけ、節目（柱）の活動として捉えることで、学習者中心の、ねらいから外れない授業を構想することができます。

とりわけ展開段階の「返す時間」は、当該教材の中核部分であるはずです。この教材の何についてこそ子どもたち自身にしっかりと取り組ませ、作業をさせるのか。

その決定には、やはり充実した教材研究が必要です。

「もう五分、子どもに返す」ためのポイント

*授業中、子どもたちに楽をさせ過ぎないように。

*授業中の教師の不要な説明をカットし、浮いた五分を子どもの「学習」活動として返す。

*短時間の活動を頻繁に設定する。

比べ、つなげる指導

●成長を事実で捉える

どの子も毎日の生活を送る中で成長していきます（いるはずです）。しかし、それぞれの子の成長ぶりを具体的に捉えることは、案外できていないかもしれません。

例えばA君の学ぶ姿勢や心のありようは、学期初めに比べてどのように成長しましたか。またB子さんはどうでしょうか。どの子もとなると、すぐにはなかなか答えられないものです。

「○○をよくがんばっていますよ」というふうに、今がんばっている様子を保護者に伝えることはできるだろうと思います。（これとて見ているようで案外見ていないものですが。）しかし、できれば「以前はこのことをこんなふうにしていたのが、このように考え、このような形でできるようになった」というふうに、「変容事実指摘型」で評価し、保護者や、何よりその子自身に伝えたいものです。

●点を線に

成長、変容した事実を示してよさを伝えるということは、不十分だったことと進歩してよくなったことを比べ、それらを同じ観点で評価してつなげ、次の行動への意欲を促すということです。点で捉えたその子のよさを、時間を経た新たな時点でのよさとして捉え、両者をつなげてその成長し変容したよさの価値を自覚させることです。

その時その時の点としてのよさは見つけることはできます。しかし、時間を隔てた二つ（または三つ、四つ）の点としてのよさをつなげ、比べあわせて新たなその子のよさを見いだすこと、その子に知らせ、気づかせてやることは、簡単にはできません。点を線にしていくのだという意識と根気強さが必要です。

●学級づくりでも

事実としての点と点を比べ、つなげて線にしていく取り組みは、学級づくりにも当てはまります。学期の半ば頃だとしましょう。あなたの学級はどんなふうに変わってきていますか。よくなってきていると感じられればいいですが、場合によっては逆の感触をもつ場合もあるかもしれません。いずれの場合であっても、それを雰囲気、イメージではなく、子どもたち、学級集団の事実で捉えていれば、次の手が打てます。よくなってきたのはどういう点においてか、以前のどういう状態からか。そうしたことを、例えば同じ学年の先生にすぐに話すことができるかどうかです。悪くなってきている場合も同じです。悪い状態なのは次によくなっていく我慢の時期と捉えて、具体的な事実を直視するようにしましょう。印象だけで語ってはだめです。

●記録する

感覚的なものだけに頼らず、的確に「この子」や学級のありようを比べ、つなげていくための方策の一つとして、その日その日の子どもや学級の事実を日付、時間とともに、ノートにでもなんにでも記録することを勧めます。

人間は忘れる動物です。記録していないものは、どんどん抜け落ちていきます。そして、目の前の現象だけで判断を下していくようになります。子どもにもメモする技術を指導するわけですから、教師自身もメモすることを実践していきましょう。

一行の学級の事実が、何か月か後に伏線であったかのように別の事実とつながって見えてくるものです。折にふれ目に見えるような状態にしておき、意識化することが大事です。

余談になりますが、学期末に通信表の所見を書く際に、ぱたっと筆が止まる子が出てくることがあります。そんなときにも役に立ちます。その子を見直す機会になります。

●よさでつなぐ

点を線にしていく際の基本は、その子のよさ、学級のよさを見つけ、つなげていくことです。好ましい方向に導こうという思いが強いと、ついつい子どもたちの悪いところばかりが気になるものです。

「ちゃんと話が聞けない」「忘れ物が多い」など、言い出すときりがありません。が、ちょっと意識を変えて、よさを見つけることに比重をかけ、子どもや学級を見直してみましょう。よさは見つけようと努力しないと見えてこないものです。

よさを見つけようと努力することが、明るく、楽しい学級をつくるための基盤をなす姿勢でもあります。

「比べ、つなげる指導」のポイント

＊子どもや学級の成長、変容を事実で捉える。
＊捉えた点としての事実と事実を比べ、つなげて線として捉える。
＊子どもや学級の事実を記録（メモ）する習慣を。一行でよい。続ける。
＊よさとよさをつなげていく発想を。

学びを深める授業

●説明中心の授業

子どもたちが主体的で能動的に取り組まない限り、知的感動のある学習、確かで豊かな理解を保障する学習にはなりません。このことは教師であれば誰でもわかっています。では、実際の授業はどうでしょうか。

しばしば見かけるのは、教師がよく説明する授業です。一時間の授業の導入でも、展開でも、まとめでも（つまり授業のどこでも）話しています（子どもたちよりもたくさん）。

教師が学習内容について説明をし、学習課題に向かわせたり、不十分な理解を補ったりすることは必要です。しかしそれは、彼らが自らの意志と力で学習課題に向かい、学習内容を学び取るために必要であったり、補足説明をするとさらに深い学びに誘うことができたりすると考えるから行うものです。一方的に説明しても彼らの脳は閉じたままです。

教師だけが話す活動をじゅうぶん行い、子どもたちはそれを聞くことが大半。そんな教師の「自己満足授業」では、子どもたちに知的感動を得させることはできません。

●子どもの発言を聞くだけの授業

教師が聞くだけの授業。これもだめです。説明中心の授業ではなく、教師が子どもたちの発言を聞いているのだから学習者主体の授業ではないか。そういう反論があるかもしれません。もちろん、子どもたちがじっと教師の説明を聞いているだけの授業よりは活動的であるでしょう。しかし、知的感動のある学習、確かで豊かな理解の実現という点では疑問です。

研究発表会に行くと、子どもたちの発言だけで授業が展開し、教師はうなずいて聞いていて、たまに発問するだけという授業を見ることがあります。けれども、それはそうしたレベルの学習集団に育てたからであって、はじめから何も手を加えないで、子どもたちだけでそのような学習が展開できるようになったわけではありません。

子どもたちが授業中に自力で出してくる意見、考えは、表面的であったり、一面的であったりするものがほとんどです（それが普通です）。それらモザイクのように散在している「知の要素」がつながり、新しい気づき、発見がなされたときに、「そうか！」「わかった！」という知的感動、納得を伴う理解が実現することになります。

こうした「知の要素」を関連させ、「新たな知」をつくり上げることは、彼らだけではできません。ですから、子どもたちの意見を聞いても「いろんな意見が出ましたね。たくさん見つけられてすごいと思います」としか言えず、「みなさんが見つけたように……」と確認の説明に終始するのでは、彼らの中になんら新しいものをつくり出してやることはできないのです。これでは子どもたちは楽しくありません。

●受けて、教材の本質に切り込む

まずは、しっかりと子どもたちの意見、考えを受けること（しっかり聞くこと）。そして、どのように課題（めあて、発問）に対してアプローチしようとしているのかを捉えること。捉えたら整理して、示すこと（ここで板書が生きてきます）。そして、対立する考えや、まだ気づいていない観点について再考することを求めていくのです。

例えば、ここでAの考えとBの考えとを比べて考えさせると、〇〇の仕組みについて理解を深めることができる。多くの子が気づいていない〇〇の面での主人公の行動に着目させておかないと、このときの複雑な心情を捉えさせることはできない。そのように判断したら、教材の本質に向き合わせるために新たに問いかけていきます。

この切り込みこそが指導者の仕事であり、深い教材研究が必要とされる局面です。切り込んだら、また彼らの反応を受けていきます。時にはノートに考えを記させて。隣の子と相談させて。そうして生み出された新たな考え、レベルが一段上がった思考を束ねていくことで、学習に深まりが出てきます。

●学習活動が発展してこそ

授業における学習活動は、質的に発展していってこそ子どもたちは楽しく感じます。また感動もします。

よく教材を理解し、その本質的な価値を熟知した教師が、学習活動を深化、発展させることができます。適切な指導性を大いに発揮し、子どもたちにとって楽しい授業の創造に努めましょう。

「学びを深める授業」のポイント

＊授業中の教師のしゃべりすぎは、子どもたちにとって退屈。厳禁。
＊子どもの発言を聞くだけの授業も知的充実感を保障できない。教材の本質へ切り込む時機と方法の修練を。学習活動の発展を図る。
＊よき指導性が発揮できる教師に。

判断する機会と場をつくる

●判断することは自己の考えをつくること

思考力、表現力とともに判断力の育成が強調されています。これまでにも物事の善し悪しや価値、意味、課題等について自分の考えを示し、はっきりさせることは授業の中でも大事にされてきました。ある問題事象について判断するということは、そのことについて自己の考えを定め、意思表示し、考えに基づき他者に対して行動を起こしていくということです。よく考え、よく表現する学習主体を育てる観点からも、判断することを授業の中でもっと取り入れていきたいと考えます。

●授業は児童生徒の自己判断を促しているか

授業の中で、子どもたちが自分で判断を下す機会をどれくらい保障できているでしょうか。講義型の授業では、子どもたちが自身で判断する場面は少ないでしょう。もちろん一時間中ずっと話を聞いている中で「そうかなあ」とか「なるほどな」という思いが頭の中に浮かんでくることはあります。

しかし、それらは曖昧で雰囲気的なもの。考える力を高める類のものではありません。授業としては、明確な判断を求める機会、場を意図的に設けなければなりません。

●判断する機会と場をつくる選択型発問で判断を

判断することを促すために、問い方（発問のあり方）にも工夫をしてみましょう。よく使われる「なぜ○○なのでしょうか」と理由を問う発問も、「私は○○という理由で○○だと思う」と自己の考えを言えるよう指導できれば、自己判断を促すものとしてはたらきます。加えて「どれが○○でしょうか」「どちらが○○でしょうか」などの選択型の発問によって判断を求めることもできます。

授業では様々な意見が出ます。授業の質を高めるには、それらの中から学級全体で検討しておかねばならないものが、例えばAとBの二つであることを、板書も使いながら教師が整理して示すことが必要です。（この整理する力こそが教師の力量としては重要です。）

こうして考えるべき内容が二つ（または三つ）に焦点化されたところで、「どちらの（どの）意見がより大事（ふさわしい、意味がある、問題）でしょうか」のように選択型で問うてみます。どちらも（どれも）もっともな場合でも、よりそのように思うのはどちら（どれ）か選ばせます。「どの考えに賛成（反対）するか」と問う場合もあるでしょう。「これら二つは、同じか違うか」と考えさせることもできます。これは、選択対象が友達の意見ではなく事柄であっても同じです。

●判断の理由・根拠を

重要なのは選択した理由を話し合うことです。単にA、Bどちらかを選ぶだけでは、さほど意味はありません。なぜBではなくAを選んだか、その理由・根拠を確かめ、深めねばなりません。

同じ事柄、意見を選んでも、その理由・根拠が全く同じということはありません。それぞれ個性的な考えであるはずです。それを交流することで理解は確かに、豊かになっていきます。いろんな考えの仲間がいることのよさ、楽しさを実感する機会となります。

そして、そこには意見とその理由とを結んで捉える論理的思考がはたらきます。また二つ（三つ）の考えを比較する思考も活発になります。選択を促し、判断を迫る活動は思考力育成と直結します。

●書くことで「判断」を促す

判断を求めても、すぐに考えを決められない子もいます。そこで書くことを活用します。判断を求めたら、考えをノートに書き留めさせます。「どう思うか」と問うたら、考えをひとことだけ書かせます。「どちらか」「どれか」と選択を求めたら、選んだ「A」という文言を書かせるだけでもかまいません。「賛成」なら「賛成」と書かせます。「○」「×」でもいいでしょう。どうしても決められないときは「△」「悩み中」でもOKです。

書くことは、とりあえずの意思決定です。決定した理由は、それから後付けして考えてもよいのだと説明しておきます。まず拠り所となる考えをはっきりさせることが大事であると伝えておきます。

●判断材料を話し合いで

いくら書かせて判断を決定させるといってもいきなりでは無理だというのであれば、判断するための材料（根拠や理由）を話し合いによって保障することも考えます。

隣の子と、またグループで意見交換をして、自分の考えを徐々にまとめていくようにさせます。時間はそんなに長くなくてもよいでしょう。判断の根拠になることのヒントが見つかればよしとします。話し合えたからよい判断ができた、そう思えるような授業になれば、すてきなことです。

「判断する機会と場をつくる」ポイント

＊授業の中で判断を求める場面を設定し、自分の考えをしっかりとつくらせる。
＊「どれが」「どちらが」「どの」「賛成か反対か」「同じか違うか」などの選択型発問で判断を促す。
＊大事なのは判断した理由・根拠。比較の思考を使う。
＊書くことはとりあえずの意思決定。書いて判断を示すようにすることも効果的。仲間との意見交流で判断材料を収集する活動も、適宜取り入れる。

学習のステージを上げる

●「そうか！」「わかった！」のある授業へ

授業は、子どもたちの知的成長を促し、実現するためのものです。「そうか！」「わかった！」という声が思わず児童生徒から漏れる授業になれば教師冥利に尽きます。

逆に、教科書の事柄を確かめて解説するだけの授業、すでにある程度できるパフォーマンスの再現だけを求める授業では、子どもたちの「なるほど！」は発せられません。ちょっとだけ（いや大いに）「新しくなった自分」を感じたり、自覚したりすることができる授業をめざしたいものです。

「そうか！」「わかった！」のある授業とは、「山場のある授業」「核のある授業」などと言われているものです。「平板な授業」の対局にあるものと言えます。ここでは、「学習のステージ（段階）を上げる」という観点で捉えてみます。実現に向けて、どんなことに気をつければいいでしょうか。

●まずは感覚的で曖昧な考え、表現を大切にとは言え、いきなり「山場」ができ、(本質的な)「そうか！」が出てくるわけがありません。少しずつその教材のよさ、難しさ、おもしろさが明らかになり、自らの発見として「わかった！」が得られるようになるには、解決すべき学習課題について、まずは感覚的であったり、曖昧模糊としていたりする「自己の考え(や表現)」が、自由に表出される学習の場、段階が必要です。

なんとなくの考えや表現、部分的な答えや意見でかまいません。主人公の心情を推しはかる、平行四辺形の面積の求め方を考える、実験結果から言えることを話し合う……。初期段階の自分の、そして他者の考えの位置を確かめることが学習のスタートです。

学習課題に向かって、まず自分なりのアプローチを試み、見いだした事柄を交流することで、これから考えを深めていく手がかりが得られます。

●分類、整理して示せるか

同じ学習課題について考えたことなのに、どうして意見が違うか。この認識が次の学習への意欲を生みます。教師の都合のよい考えだけが出てくるような学習課題を設定したり、意見の集め方をしてしまったりすると、それで学習はおしまい。「その通り。よい意見が出ましたね」で終わります。

考えに様々な違いのあることに気づかせ、それらをどう調整し新しい考えを生み出すか。ここが学習のステージの一段上がる場面、つまり「そうか！」のもとになる場面なのですが、ついつい「安全策」を取ろうとしてしまいます。(特に公開される研究授業では。)

考え方の対立、葛藤を成立させるには、児童生徒から出された多彩な意見を板書等で分類、整理する授業者の技量が必要です。授業者は、事前に教材研究ができている（はずです）ので、部分的で、まとまりに欠ける発言であっても、「こういうことかな」と簡潔に言い変えたり、思いつきのように出される意見を分類したりしながら、板書に見やすく示していくことができます。

課題解決につながる考え、意見は、たいてい限定された、いくつかの種類に類別されます。そうでないなら、学習課題がよくなかったか、授業者の整理の仕方がまずかったか、です。

●比較、選択型発問で

考えや意見の集約ができたら、それらをもとにさらに思考を深める学習となります（ここが授業の「山場」です）。その際、鍵となるのが教師の発問です。おすすめは比較や選択を求める発問です。

例えば「みんなの意見を聞くと、この二つ（三つ）に分けられたけれど、違いは（同じ・共通していること）はなんだろう」という比較型の問いです。ここで大切なのは、違う、同じと考えた根拠、理由を短くても説明させることです。議論を深めていくための材料になります。

また、選択型の問いとしては、「これら二つ（三つ）の考えの中で、○○とのつながりで言うと、どちらが（どれがいちばん）大切（ふさわしい）だろう」のようなものが考えられます。根拠、理由をできるだけ言わせることは、先ほどと同じです。選択するにはそれぞれを比べる必要がありますから比較型でもあるわけですが、こちらは判断を促し、選ばせることがポイントです。

いずれのタイプの問いも観点がはっきりしています。自分たちの考えに基づいてさらにブラッシュアップする感覚が得られます。そして、つなぐ、除く、まとめるなど、これまでと異なった角度から切り込んで思考することが要求され新鮮です。学習のステージが一段上がるということになります。

●書くことの言語活動で

この比較、選択型発問とセットにすると効果があるのが、書く活動です。二つの意見の違いは何か、まず自分で短くノートに考えを書いてみるというような学習活動が位置づくと、それぞれの学習者にそれぞれのレベルでの学習ステージの引き上げを図ることが期待できます。授業としては、書かせる余裕がなくなりがちな時間帯ですが、実行できると深まり具合がぐっと違ってきます。

「学習のステージを上げる」ためのポイント

＊「そうか!」「わかった!」と児童生徒から思わず声が出る授業をめざそう。
＊課題に対する感覚的、部分的な考えをしっかり出させる。それらを板書に整理、分類する。
＊分類した事柄について、比較させ、選択させる。その理由、根拠を説明させる。
＊書く活動とセットにできれば、なおよし。

ことばで表現する力の育成

●表現力の重視

「子どもたちの表現力が乏しくて」「なかなか表現力がつかないのですがどうしたらいいでしょうか」という先生方の声をしばしば耳にします。自己の考えや思いを豊かに表出し伝えることができれば、授業はもちろん学校生活にも活力が出ますから、表現力の育成は重要な課題です。

表現力には、ことば、身体、音楽、造形などによるものがあります。いずれの表現力も感性を育て、その人らしさ（個性）を形づくっていくためには大切なものです。全ての表現する場を奪われたら、人は人らしく生きていくことができません。「生きることは表現すること」です。

中でもことばによる表現力は使用頻度、繊細さ、影響力などの観点から最も重視しなければいけないものです。ことばで自分の思いや考えを確かに豊かに表現できれば、生活は充実します。

●短く、簡潔に表現する

まず短く話すこと、書くことに取り組んでみましょう。簡潔に、と言うほうがよいかもしれません。自分の考えをだらだらと表出するのでは、表現力があるとは言えません。

うまく話せない子がことばをたどりながら言ったのなら、まずはほめてやらねばなりません。それでも時期を見て「まず考え（結論）をはじめに言うとわかりやすくなるよ」と繰り返し指導していきたいものです。逆に、しゃべりたがりの子には「君のこれからの課題は、今の半分の長さで言うことだよ」「考えと理由をひとことずつで言ってごらん」というふうに、その場で指導すべきです。

書くことでも「考えをノートに一行（三行）以内で書いてみよう」と量的条件をつけて一時間の授業の序盤、中盤、終盤に（またはいずれかに）位置づけます。短く書かせることで、気軽に、頻繁に表現する力をつけることになります。それはまた、学習活動の変化＝楽しさにも通じます。

●詳しく、具体的に表現する

反対に、詳しく話すこと、書くことにも取り組ませます。ただし単に長く話せばよい、書けばよいというのではありません。具体的に表現させることをめざします。

例を挙げて話したり書いたりすることなどはすぐ指導ができ、効果が上がりやすいものです。言いたいこととその具体例とをセットにして表現させるようにします。「例えば……」とつないでいくことができればしめたものです。それまでの印象的な話が説得力をもつようになります。いくつの例を示すのか、同種の例か反対の例かを吟味して表現することをめざせば、レベルがぐっと上がります。

●理由、根拠をセットにした表現

詳しく、具体的にということを別の観点から捉えると、理由、根拠をセットにして表現するということになります。これは授業における児童生徒の発言のあり方として、とくに重視したいことです。まず結論を述べ、「なぜかというと～からです」「その理由は～です」「二つ理由があります。まず～、次に～です」というように、考えの根拠を付け加えて伝えることができるよう繰り返し指導します。理由、根拠に当たる部分、内容にこそ共通性や差異性が鮮明に表れ、議論の対象になります。

●表現することの基盤となる力を育てる音読、視写

張りのある声が出るようになって、そのことを先生がほめて認めてくれれば、子どもたちは思っていることを話すことに少しずつ自信がもてるようになります。よい声が出るようにするための取り組みとして、音読活動の導入を考えてみましょう。国語科の時間はもちろん、行事などの機会も利用して全校的に取り組むと相互に励み合うことができます。集団で音読する群読は、迫力があります。

一方、書くことの表現力の基盤は視写（写し書き）です。国語教科書の本文を書き写していくことなどはよく行われています。単純な活動ですが、楽しく取り組める、なかなか奥の深い学習です。正確に、速くとなると、修練を要します。視写を継続すると、文体、文章のリズム、段落構成などを自然に習得することができます。発達段階や習熟具合に応じて、対象とするテキストも小説、社説、コ

ラム、評論などに広げます。

●表現する内容をもたせる場の充実

述べてきたように、出力の方法や技能を磨くことは不可欠です。が、一方でその前提条件を整えることにも力を注がねばなりません。表現する内容をもたせる場の充実です。言いたいこと、書きたいことがないのに、豊かな表現もあったものではありません。

明確な課題意識のもと、一人で対象と向き合い、考える時間と場が必要です。学習は個に始まり個に終わります。その時間の表現活動に向けて、また次時の表現活動に向けて、表現する内容を確かめ、深める場を、短時間でも保障することに取り組んでみましょう。

「ことばで表現する力」を育成するためのポイント

＊短く簡潔な表現と、具体例や理由をセットにした詳しい表現に取り組ませる。
＊音読、視写活動で表現力の基礎を。
＊内容がもててこそ表現することができる。自己の考えをもたせる場と時間を。

学習活動の「粗」と「密」を意識する

●四五分（五〇分）でできることは限られている

とある事情で久しぶりに小学校で授業をしました。四年の詩教材、高木あきこ作「冬の満月」（三省堂）を使った「飛び込み授業」です。当初は学習指導案はなしということでしたが、直前に本時分だけの略案を書きました。参観者にも配付しましたが、自身の指導を確かめるためのものでした。

しかし、授業は散々。時間配分も考えて授業を構成したつもりでしたが、結局、予定した内容の三分の二程度で終わりました。担任の先生には事前に教材文を読ませてもらうこともお願いしていませんでしたので、初対面の子どもたちと、いきなり始める授業ではありました。（と言い訳がましく書く辺りが、プロではありません。）しかし、それだけが原因ではありませんでした。

改めて思い知らされたことは、一時間の授業でたくさんのことはできないということでした。もちろん一方的に説明するだけの授業なら（教師の自己満足として）相応の内容をこなすことはできます。しかし、子どもたちが自ら学習すべき内容を発見し、学ぶことの楽しさを実感できるような授業にするなら、四五（五〇）分で扱える内容は限られている（あえて言うなら一つ）ということです。

●「粗」の学習活動と「密」の学習活動

比喩的な言い方ですが、学習活動には「粗密」があるように思います。確認したり示したりすることが中心のてきぱきと進めるべき活動（「粗」の学習活動）と、中心的な活動であり学習者自身にじっくり向き合わせて取り組ませるべき活動（「密」の学習活動）とで授業は構成されます。

当たり前のことのようですが、この区別ができていない授業は結構多いのではないでしょうか。導入部分から必要以上に丁寧に進めすぎ、肝心の学習活動が時間的にも心理的にも圧迫されてしまい、いわゆるめりはりのない授業になってしまうというものです。先のわたしの授業もそうでした。

●さっさと中心活動へ

学習活動の「粗密」を意識した授業にするための方策の一つは、導入をさらりと終えて、さっさと中心活動へ進めることです。もちろん、学習課題を確かめる、前時の復習をするなどの活動を疎かにしてよいということではありません。過剰な余談や冗長な説明は省き、テンポよくおさらいをしたり確認をしたりしたいということです。「『粗』の学習活動」に相当する部分ですから手際よく進めるようにします。そして、本時の中心となる学習活動へずばっと切り込んでいくのです。

前段階の内容をきちっとつかませておかないとわからないではないかという意見もあるでしょう。

もちろんそういう学習内容も、学習者の実態もありますが、スモールステップで順序よく積み上げていく学習ばかりでは、子どもたちもおもしろくありません。教材の中心について考えるためには、必要に応じて前段階の学習内容に戻ったり、以前の学習場面を想起したりすることは出てくるはずです。子どもたちが自力で振り返ることができなければ、指導者が手助けしてやればよいのです。

行きつ戻りつしながら深まる学習もあります。授業の中心部に時間をじゅうぶんかけましょう。

●学習指導案を「密」の部分から発想する

学習活動の「密」の部分を大事にし、そこに時間をかける授業をつくろうとするなら、本時の学習指導案もそこから構成する、書く、ということを考えてみてはどうでしょうか。

一般的に本時の学習指導案は「導入―展開―終末」といった流れで書かれます。つい時間の流れに即して「導入」部分から考えがちですが、「展開」部分にどんな学習活動を置くか（置けばよいか）を見いだし、それを四五（五〇）分の真ん中に、でんと位置づけることから始めるようにします。この活動を外してしまうと（疎かにしてしまうと）、本時の学習は成立しないというものをまず位置づけるのです。そうすると、その中核となる学習活動をまっとうに行うためには、その前段階として、導入部分で何を、どのように学習させておかねばならないかということになります。

また、その中核となる学習活動で学んだことを子どもたちが確実に定着させたり、さらに発展させたりするには「終末」段階で何を、どのように行わせるのがよいかと考えることになります。

この真ん中に据える学習活動を一つに絞るとすると何がふさわしいか。大きく二つの活動を設定したい場合でも、どちらがより重要かという意識で、本時の学習の中心を明確にしていくのです。「密」の学習活動を選定し、配置することから発想する学習指導案。この手の書き方、授業づくりにも一度取り組んでみましょう。

●すっきりとした、わかりやすい授業へ

右に述べた発想からつくられる学習指導案＝授業は、子どもたちにとって（ということは、教師にとっても）ねらいが明確で、わかりやすいものになるはずです。子どもたちの集中度も増すはずです。教材研究の際には、学習内容の精選と明確化がいっそう要求されることになるでしょう。

「学習活動の『粗』と『密』を意識する」ためのポイント

＊四五（五〇）分で扱える内容は限られている（一つである）ことを自覚する。
＊授業の導入は端的にすませ、早く中心活動に入る。そこにたっぷり時間をかける。
＊中心となる学習活動から学習指導案を発想する。
＊学習内容の精選と明確化で「密」の学習活動を見いだす教材研究を。

●問い（課題）の質を意識する

一問一答式の授業は、単調、平板で、教師も児童生徒もおもしろくありません。ところが、そうした授業から脱することがなかなかできないことも少なくないようです。どうすればよいでしょうか。

まず、問い（課題）の質を意識しておくことが大切です。一時間の授業で考えてみましょう。導入部では「気づいたことはないか」「どんな様子か」「どんな感じがするか」など、多様な観点からアプローチできる問いを用意します。様々な角度で学習の対象（出来事、事実、文章等）に向き合い、身近に引き寄せ、解きほぐす段階です。取り組みやすく、発言しやすい問いを用意します。

しかし、こうした大きな観点での問いに終始したのでは、深まりがありません。対象をより具体的に捉える問いが必要です。「このことと、このこととの違い（共通点）は何か」「この二つを比べて何か新しい発見はないか」「この言葉がもしなかったら、どう感じが違うか」など、分析的、関係的な思考を要求する問いをぶつけていかねばなりません。ここが弱いと授業は引き締まりません。

そして、終末段階は「これまでのことをまとめると、どういうことが言えるか」「今日明らかになったことは何か」など、まとめ、総合することを促す問いになります。

こうした学習の深化に即した（つまり子どもたちの心理、思考を踏まえた）問いでなければ、問われた側は言いたいことを見つけられない、さほど言いたくはないという状態になってしまいます。

●問うたら、受けて聴く

では、問いの質を意識できればそれでよいかというと、そうではありません。教師の側の姿勢も大事です。問うたら、児童生徒が答えることをまずはしっかりと受け止めて聴くことができなければなりません。ところが、案外これがなされていないのです。

例えば、授業の冒頭に課題（めあて）がよく示されます。小学校では、「なぜ、〇〇は△△なのだろう」「〇〇はどんな様子だろう」「〇〇を見つけよう」などです。これを一斉に音読させて確かめることもしばしばあります。ところが、こうして問いを意識させておきながら、次の瞬間「では、まず〇〇のことについて気づいたことはありませんか」のように、さっきの課題とは違う問いが当たり前のように発せられます。「あれ、さっき確認した本時のめあてと今の問いとはどんな関係にあるの？」と思ってしまいます。中にはつながりを理解しにくい子どもたちもいることでしょう。

導入段階のめあてにしろ、授業半ばの深める段階の分析的、関係的思考を促す問いにしろ、問うたら彼らの反応（発言）をしっかり、じっくり受けて聴くこと、集めることです。問いに対して学習者がどのようなところにこだわっているのか、どのような観点からアプローチしようとしているのか、そこを見定めないと次の一手は打てないはずです。この「問うたら、受けて聴く」ことができないために、確認するだけの小さな問いを連発して一問一答に陥ることが多いように思います。

もちろんいつも受けていたら時間がいくらあっても足りません。導入部以外では、授業半ばのここで、というところに限定すればよいでしょう。それは取りも直さず「本時の目標」を達成することに通じる中核的な学習活動となり、学習指導案（本時案）の真ん中に据える学習活動となります。

●黒板に受けて、分ける（整理する）

「受ける」という点では、子どもたちの反応（発言）は板書にも受けたいものです。うまく言えなかったり部分的な指摘にとどまっていたりしても、彼らのことばには問いの解決につながる内容が含まれています。それを聴き取り、黒板に配していきます。その際、発言内容を分類し整理して、問いの解決への道筋、手がかりが得られるようにしてやらねばなりません。ここが腕の見せ所です。

ただし書き過ぎは禁物です。彼らの顔を見て受けて聴き、それから板書するのですから、たくさんは書けません。また、ごちゃごちゃした板書は教師の自己満足。学習者には難解極まりありません。

●論点を示して、問うて出る

すっきり板書は、つまりは学習を深めていくための新たな論点を示すという機能をもっています。

「たくさんの考えが出された。黒板にある○○と△△をつなげると、気づくことはないか?」という具合に、新たな角度から再思考を要求しましょう。深い教材理解をしている教師ならではの出番です。

場合によっては、子どもたちの発言を受けていただけでは出てこない内容、観点もあるでしょう。そういうときは「まだこれまでの発言の中には出てこなかったことに、□□ということがある。これについてはどう考えるか(これを合わせて考えるとどんなことがわかるか)」のように、提示します。今回は教師からの提示にはなっても、そうした見方、考え方は、次の機会以降には学習者自身の教材への向かい方に転移していく可能性があります。

こうして論点を示し切り込むと、もちろん再び彼らの発言を「受けて聴く」ことになります。

「受けて聴く、問うて出る」際のポイント

*授業の段階に応じた問いの質がある。考えたくなる、言いたくなる問いを。

*問いを出したら、それに対する反応(発言)を十分に受けて聴く。教師の気ままな思いで次々問いを変えて連発しない。

*問いに対する発言は黒板に受けて整理する。すっきりと。決して書き過ぎぬこと。

*発言を整理し新たな論点を示して、問うて出る。異なる観点、次元で再考を促す。

板書の工夫は、授業の工夫

●毎日書いているけれど……

教室で授業をする場合、たいてい黒板を使うことになります。めあてを書く、子どもの意見を記す、資料を貼るなど、なんらかの形で板書活動は授業の中に位置づきます。

しかし、毎日行っているこの板書という行為、案外ぞんざいになされているように思います。「ぞんざいに」というのは、字の上手下手のことではありません。計画性がないこと、つまり雰囲気、思いつきで書いているということです。話すこと・聞くことと同様、毎日取り組んでいることなのに、どう板書に表現するかは教師にとってはけっこう頭を悩ます実践課題です。

●黒板のよさ

とはいえ、黒板は実に便利で、教育効果の高いツールです。

まず、セットアップなど、事前の準備がいりません。原則、白、赤、黄の三色のチョークがあればじゅうぶんです。（しかし、この三色をうまく使っていない板書のなんと多いこと！）電子機器のように、授業が中断するようなトラブルが発生することもありません。この簡便さは、何ものにも代え難い黒板のよさです。

また、視覚に訴える効果が抜群です。子どもたちの発言の内容、量、タイミングに合わせて、書く内容も、量も微妙に調節できます（しかも、三色を使い分けて！）。子どもたちの目を、意識を、その都度、引きつけることができます。

言い換えると、状況への対応力にたいへん優れているということです。その分、板書を構成する側の教師にとっては厄介なものだと感じるのかもしれません。

●シンプルに、そして大胆に

板書を厄介もの扱いしないために気をつけたいことは、シンプルにということです。板書は、とにかく書けばいいというものではありません。ごちゃごちゃといっぱい文字で埋まっている黒板は、見るだけでうんざりです。また、たくさんの文字を書こうとすると時間がかかります。子どもたちも待たねばなりません。

子どもたちの意見は全部板書に位置づけてやらねばならないという意見もあります。しかし、大事なのは、板書を見ることによって頭の中がすっきりすることです。次に何を考えればよいか、明確になることです。代表的な意見、個性的な意見、学習の発展に不可欠な意見などが位置づいていればよいのだと思います。

もう一つの留意点は、大胆に書くということです。これは、シンプルに、ということと連動します。縦書き板書は、いつも右上から書かないといけませんか。左端からでも、真ん中から書き始めても、なんの問題もありません。子どもの発言内容は、いつも語や文で書かないといけませんか。○や△、絵図で示しても差し支えありません。

先ほど、チョークの三色使い分けのことを述べました。赤の四角枠、黄色の楕円枠で語や文が囲まれたり、それらが相互に矢印や線で結ばれたりしていますか。黒板の端から端まで色付きの直線がビュッと走ることがあっても楽しいものです。子どもたちの意見は、左右、上下、斜めに、と比較できるような構図で配されることも大事です。

●思考・発見を促す

シンプル、大胆という工夫は、全て子どもたちの思考・新たな発見を促すことを意図したものです。ごちゃごちゃした板書は、この点において問題があります。

対立する考えや事柄を黒板上で比べ、その違いは何から生じているのか考える。また、類似した内容はどれとどれで、それらの共通性から何を発見できるか、結ばれた線の意味を考え、つなぎ合わせて考える。こうした行為こそが、学ぶ、創造するということです。「新たな知を見出すための板書」でありたいものです。

必要以上にペープサートを貼ったりせず、「チョーク一本で勝負する」ことを原則に、子どもたちの思考を活性化させましょう。

●板書計画で教材研究を

何かの形で毎時間板書をするなら、板書をどのように構想するかについての思案は、教材研究をすることそのものになります。

忙しい毎日です。板書案をノートに簡単にメモすることだけでも、教科、単元を決めて毎時間やってみましょう。少しずつ教材研究力がついていきます。骨格のくっきりした授業ができるようになっていきます。

「板書の工夫は、授業の工夫」のポイント

＊教材研究を兼ねた「ミニ板書計画」を立て、授業に臨もう。
＊シンプル、大胆な板書に積極的にチャレンジする。
＊板書は子どもたちの思考と発見を促すためにある、と心する。

「自分のことば」で表現する子どもの育成

●「自分のことば」で説明する

授業中、教師が発した問いに対し、Aさんが発言したとします。他に挙手している子がいない場合に「Bさんは、どうですか?」と問うことは、どこの教室でも行われていることでしょう。こうしたとき、しばしば「わたしもAさんと同じです」とだけ答えて着席する子がいます（大学の授業でも!）。

問題は、それを聞いていた教師が「Bさんと同じなんですね。では他の人?」と素通りしてしまう場合があることです。列指名で順次発言していく際にも、同じような光景は見られます。

たとえ同じ結論であったとしても、そこに至るまでの考えは異なるはずです。何が、どう同じなのか、語らせねばなりません。「同じです」のひとことですませることがいつも許される教室には、個性的な考え、解釈は生まれてきません。借り物でない「自分のことば」で語ること、説明することを促したいものです。

●理由、根拠とセットにした説明

「自分のことば」で意見を述べるためには、なぜそのように考えるのか理由や根拠を必ずセットにして表現することが重要です。

「なぜかというと」「理由は」「だから」「……なので」「そういうわけで」など、理由や根拠を表す接続語を積極的に使って発言することを、繰り返し指導していきましょう。「同じです」が発せられたときには、先にも述べた「何が、どう同じか」の他に「なぜ同じだと考えるのか」を再度問うて、その子の考える理由、根拠を「自分のことば」で表出させるようにします。

もちろん、いきなり理由をつけて言うことが難しい子もいるでしょう。そういう場合は無理をせず、「私も、○○さんと△△のこと（点）が同じです」のように、言い直させるところから始めます。

一方で、理由や根拠に基づいて意見表明ができている子には、「理由をつけて意見を言うことができてすばらしいね」「根拠をはっきり示して言っているのでわかりやすいですね」というふうに積極的に評価します。短く、端的に。こうした評価言が上手な教師は、子どもたちの筋道立てた話し方を育てます。

●対話的な関わり

「自分のことば」が行き交う教室では、子どもたちが自己の考えや思いをどんどん表出する自由な雰囲気と、引き締まった空気とが、ちょうどよいバランスで混じり合っています。

しかし、そんな教室にいきなりなるわけではありません。自己表現することにおっくうでない児童生徒を少しずつ育てていきましょう。大事なのは、子どもたちが意見を言ったらそれを受容的に受け止めること、その子の「自分のことば」を引き出すように問い返すことです。

まずは、彼らの発言をじっくり聞き、その内容に応じて「なるほどねー」「それはどういうことかな？」「どうしてそう思うの？」「そこのところ、もう少し詳しく知りたいなあ」「それはなぜ？」のようなことばを返していくようにします。対話的な関わりを大切にするのです。

さらには「はじめから、そういうふうに理由とつなげて詳しく言えるといいね」というひとことを添えるようにします。「このごろ『何々だから、何々だと思います』というようにたくさんの人が言えるようになってきたね」など成長を促し、自覚させる評価言も忘れないようにします。

こうした日々の取り組みの積み重ねが「自分のことば」を大事にする教室の文化を育んでいきます。

●表現する場、機会の充実

対話的な関わり方とともに重視したいのが、表現する場、機会を多様に、そして頻繁に設定することです。説明することは説明する行為の中でしか上達しません。授業においても子どもたち自身が説明し、意見を述べる機会（時間）を増やすことが必要です。

彼らが自己の考えを表出してくれなければ授業は成立しない。この認識に立つところからスタートです。

「『自分のことば』で表現する子どもを育成する」ためのポイント

＊「〇〇さんと同じです」だけですませない教室に。
＊理由、根拠とセットで意見を述べる習慣を。
＊対話的な関わりで、その子の「自分のことば」を引き出す。
＊自己表現する場、機会を増やす。

見通しをもつこと、振り返ること

●思いつき、やりっ放しにならぬように

私のように大ざっぱな人間は、「まあなんとかなるか」という感じで臨み、「とにかくすんだ」で次のことに移っていきます。こういうおおらかな（？）考え方、姿勢も時には必要でしょうが、子どもたちの学習、教師の指導という観点からすると、毎度毎度この調子では進歩が少ないことでしょう。やはりこれから先、何をどのように行うべきか見通しをもてる人、何がどのようによかったのか（悪かったのか）、そして、それはなぜかをきちんと理解でき、次の言動に生かすことができる人。そういう子どもたちであり教師であることが望まれます。忙しさに追われ、ついつい思いつき、やりっ放しの学習や指導になりがちですが、少しでもそうした状態から抜け出したいものです。

●一時間の学習の見通し

子どもたちは毎時間の授業にどのような意識で臨んでいるのでしょう。「三時間目は社会科だ」「次は国語の『走れメロス』だ」という感じでしょうか。いずれにしても時間割でそうなっているからというのでは、学習の構えとしては弱いと言わざるを得ません。「この一時間は○○のことを解決（達成）するために、△△のことについて考えていくのだ」という明確な目的意識、課題意識をもたせたいと思います。そのためには、学習者の問い（問題意識）が連続する単元構成にする必要があります。

しかし、そうしたがっちりとした単元構成がとれなくても、授業の冒頭（導入）部では、本時は何をする（考える）時間なのかを確認したり、提示したりすることは怠らないようにしたいものです。そんなことを教師が言わなくても、一人一人がすでにこの授業の目的や課題を自己の問いとしてもっていることが望ましいのですが、何も指導しないでそのような学習態度が身につくわけがありません。

この時間は何をする一時間なのか、確かめるところから授業を始めるよう習慣づけましょう。そして、子どもたちに見通しをもって学習することの大切さを実感させるようにしましょう。これは言い方を変えると、教師は課題（めあて）を明確にした授業展開を心がけるということでもあります。

●ロングスパンでの学習（生活）の見通し

スパンを長く取って学習の見通しをもつことも、「思いつき」のスタイルから脱却するためには劣らず重要です。この単元（教材）では、どんなことを、どのように学ぶ予定か、最終的にはどのようなことができればよいかを教師と子どもたちとの間で共有し、折にふれて確認しながら学習を進めることは、自覚的な学び、目的的な学びを推進する上でも必要です。

これは、学期、年間のスパンでも言えます。また学校生活のレベルでも該当します。学習や生活を自身でコントロールし、よりよくしていく営みです。

●振り返ることで学習内容の内面化を促す

見通しをもつことと同様に、セットにして取り組みたいことが、自分の学びを振り返ることです。子どもたちは明確なめあてのもと、見通しをもって学習に取り組んだとしましょう。しかし、授業後、彼ら自身がいったい何を学んだと言えるか、何が頭に、心に残っているかです。それらを意識させ、明確にさせたいものです。「この時間に学んだことは」「〇〇についてわかったことは」「心に残った言葉は」など、ひとことでも一文、二文でもかまいません。書いてもいいですが、口頭で隣の子に伝えてもいいでしょう。取り組んだことを振り返り、課題（めあて）との対応を吟味し、どのような学びを実行できたか、どう成長したか、自分の言葉で整理させます。

振り返り、反省することそのものの大切さを体得させたいと思います。振り返り、整理された事柄が内面化されると、違った局面で活用できる知識や技術になります。

●見通しと振り返りのサイクルを

見通しをもって学習や生活に取り組み、区切りがつけば振り返るようにします。結果、よかった点は次の時間（取り組みの機会）にさらに発展させていきます。改善すべき点があればアプローチの仕方を変えていきます。新たな見通しのもと、課題に向かっていくということです。このように見通しと振り返りは対応し、次々つながっていくものです。このサイクルを壊さないように大事にして授業を展開するようにしましょう。

振り返りを大切にして、得られた内容をもとに次の指導に生かすことは、教師側では「指導と評価の一体化」ということになります。指導の見通しが甘かったとわかったら、子どもたちの学習のありように学んで、指導の内容や方法を積極的に変えていきましょう。「指導と評価の一体化」は、流行語にしてはいけない重要な方法論です。

こうした学習のあり方、指導のあり方を調節、コントロールすることを、教師も学習者もいとわないようにしましょう。反省的実践が、実のある、わかる学習、授業を生みます。

「見通しをもつこと、振り返ること」のポイント

＊一時間（単元、学期、年間）の見通し、振り返りの時間と活動を。
＊一時間の授業のめあてを明確にすることが、見通しをもたせることを容易にする。
＊書いても、口頭でもよい。簡単でよい。振り返りを自分の言葉で。学びをまとめ整理させる。

ペア・グループでの交流活動を授業へ

●授業を児童生徒のものにするために

授業は児童生徒のもの。誰も頭では理解しています。ところが、実際にはそうなっていないことも少なくありません。「児童生徒のもの」とはどういう状態、レベルのことを言うのか。議論を要しますが、学習課題について自分の考えを発表する、伝えることがなされていること。これは基本です。とは言え、いきなり全体の場で考えを述べることは難しいものです。そこで、まずは隣の子と、またグループで、話し合う活動を意図的に気軽に取り入れてみては、と勧めています。

教師がいつも全員に対して語り、説明し、問う。答えるのはいつも決まった数人。こうした構図に陥ってしまっているなら、二人で、グループの三～五人で、お互いの考えを知り合い、参考にし、新たな考えをつくっていく学習活動を（とりあえず形式的にでも）導入してみましょう。

●ペア、グループで交流するよさ

ペア、グループでの交流活動を取り入れると、授業に変化が出ます。四五分（五〇分）をじっと聞いているだけでは、誰だって眠くなります。様々な言語活動（話す、聞く、書く、読む）に懸命に、興味をもって取り組むことができれば時間はすぐに過ぎていきます。

また、話すことで自分の考えをはっきりすることができます。互いに考えを言い合う（実際には聞き合い、思いを表出し合う）中で、思ってもみなかったアイデアが浮かんでくることは、多くの人が経験しているでしょう。口に出すことで、自分の考えの拠り所が何か、何が不十分か、わかってきます。

●学習課題に即した意味ある話し合いを

ペアでもグループでも、あまりかしこまったのでは、上手く言えないかもしれません。まずは「あのね、私はこう思うんだけどね。だってね……」「えー、でもこのことは、どうなるの？　ぼくは、こうだと思うけどなあ……」という感じでもいいでしょうか。

ただし、当面する学習課題に即した交流であること。これは外せません。時折、休憩時間のような話し合いになっている場合も見られます。交流そのもののあり方も（特に国語科では）重要な学習内容ですが、交流はあくまでも新たな考え、見方を生み出すための手段です。課題に即さない意見交流では、学習を深める役には立ちません。

また、特定の子だけが発言を独占する活動になってしまうこともあります。多様な考え、発想に出会い、自分の中に揺らぎやひらめきの生じることが交流することの意義です。同じ子がしゃべり続けたのでは、思考の枠組みは広がりません。それぞれの子の表現力を高めることもできません。話し合うことの意味や価値を確認し、言い聞かせること、よい交流のモデルを見せて、どのような交流をめざすべきか意識させることが大切です。「○○さんは、どう思う？」と相手や他の子の意見を促している子をほめることも忘れないようにしましょう。

●司会者や記録者を置いた「きっちり型」も

グループでの話し合いの場合、発達段階にもよりますが、いつでも気楽な雰囲気の交流だけではいけません。話し合う目的や内容に応じて、司会者が発言者を指名、制御しながら進め、記録者がメモした発言内容をもとに話し合いの結果を発表するような交流もめざしたいものです。

「これから、○○について話し合います。では、はじめに△△さんから考えを発表してください。」「○○についての意見が多いようですが、違った考えはありませんか」という司会者のことばや、「出された意見は、大きく二つありました。○○に賛成する意見が多かったので、○○で報告します。いいですか」というような記録者兼発表者のことばが交わされる交流です。

この手の「きっちり型」は、学級活動など、グループで一つの意見を決定することが求められる場合の交流に使われるのがよいでしょう。もちろん、はじめから司会も記録もきちんとはできません。話し方、進め方、記録の取り方の手引きを用意します。導きながら少しずつ慣れさせていきます。

教科等の学習で、多様な見方や考え方にふれ、自分の思いや考えを確かに、豊かにすることをめざすのであれば、先の「自由型」でよいでしょう。

●話し合ったことの発表の基本は自己責任で

交流後すぐに学級全体での話し合いに入る場合は、「私は、○○だと思います。なぜなら……」というふうに、自分の考えとして言わせます。また「グループでは、○○などいろいろな意見が出ましたが、私は△△のように考えます」と自己責任で発言させます。交流は自分の考えを明確にするための手段です。ただし、自分の考えにまだ自信がもてない場合は「グループでの意見をまとめると○○でした」と要約型で言わせるのも一案です。

「ペア・グループでの交流活動を授業に取り入れる」際のポイント

＊隣の子やグループで、考えを交流する活動を位置づけ、授業に変化を。
＊言いやすい言い方で、自由に話し合わせる。ただし課題に即して。きっちりと。
＊発言を独占させない。話し合いのモデルを見せる。他者の発言を促す子をほめる。
＊司会や記録を置く話し合いもめざす。
＊交流した後の発言は、自分の考え、ことばで。交流は深めるための手段。

学習の手引き、モデルによる「話すこと」「話し合うこと」の指導

●指導の手立てとしての学習の手引き、モデル

「話すこと」「話し合うこと」は、授業で中心となる言語活動です。自分の思いや考えを進んで、そしてうまく話してくれたらと願いますが、なかなかそうもいきません。以下に示す、学習の手引き（活動の仕方を書いたシート）やモデル（活動の実演例）の活用は、音声言語活動の指導の一つの方策です。話すこと自体が学習であり指導となる点で効果が期待できます。

●学習の手引きで示すスピーチの構成と内容

朝学活や帰りの会等で行われている「話すこと」の言語活動に、一～三分間でのスピーチがあります。その際、「はじめ―中―終わり」に即して発表用のメモや原稿が作成できるよう、どんな内容をどの部分に入れればよいかを示した学習の手引きを用意します。

「はじめ」では話題を簡潔に。「終わり」では話題についての意見、考え、主張を的確に。「中」で

は話題と主張をつなぐ具体例を一つ（二つ）必ず入れて。こうした観点が発達段階に応じて手引きに示されれば、メモや原稿をつくる際に役立ちます。

メモや原稿の作成がはかどらない子には、各部分の言い出しや言い終わりのことばの例を手引きに示します。手引きをもとに一度スピーチメモや原稿を書く指導をしておくと、以後、子どもたち自身で行う作業が容易になります。

●教師もスピーチを

教師も実際に子どもたちの前で、手引きに示した観点や内容に即したスピーチをしてみましょう。モデルとしてのスピーチです。「はじめ―中―終わり」が明快であること。「中」の具体例がわかりやすいこと。そのことだけ気をつけます。「はじめ」「中」「終わり」のカードを順次示しながら、「ここから『中』の部分だよ」と視覚的に知らせて話すのも一案です。構成面への意識が高まります。

こうしたモデルスピーチの発想は、学級内、国語科の授業内だけでなく学校全体で共有できると、集会や行事における全教職員による連動した話すことの指導となります。

●妥当な理由・根拠が伴った意見・主張を

発言の際には「私は○○だと思います。なぜかというと～です」という「結論先行―理由付加」の話型を基本にします。が、こだわり過ぎると内容が形式的になります。「～ということから、○○だと考えます」のようでもかまいません。自分のことばで根拠を示して主張できればよしです。

そうは言っても、中には主張と理由が対応していない発言もあります。そのときは「今のは、あなたが言ったことの理由ではなくて、このことの理由だよ」と、きちんとその場で教えます。論理的な対応関係が意識できることは、思考力を育てる意味で大切です。

時には教師もX番目の学習者になり、主張と理由をセットにして話し合いの中で発言してみましょう。児童生徒は、内容的にも言い方としても「ああいうふうに言えばよいのだな」と実感できます。

●司会を立てたグループでの話し合いへ

小集団での話し合いは、一人一人が発言しながら複数の意見を交流でき効果的です。ただし休み時間のような「なれ合い話」に終始しないこと。より責任ある発言を求めて、司会を立てたやや公的な話し合いへと少しずつ移行しましょう。

司会を立てると、発言する者も順番や時間（量）を守ることになります。「○○さんの意見と同じで（違って）……」等の話型を形だけにならないよう活用させ、生産的な話し合いをめざします。

慣れるまでは、司会の仕方（話し合いの始め方、意見のまとめ方などの実際のことば）を記した学習の手引きをつくり参考にさせます。また、教師が実際に司会役を務めて見せることもします。一つのグループのモデルの話し合いを皆で見て、上手なところを見つけ合うこともいいでしょう。話しことばです。言ったり聞いたりしながら、直に学ぶ機会を大切にします。

●パターン化された話し方から抜け出す

話型、学習の手引きやモデルは、あくまで適切な言語活動を自力で行うための足場作りとして用いるものです。慣れてくれば、自分自身のことばで自分らしい話し方ができるよう導きましょう。発言の仕方もいつも同じではなく、違った表現を話型や学習の手引きで学ばせ、言い方のバリエーションを増やすことにも配慮します。自分のことばで話す、語る。これが目標です。

「学習の手引き、モデルによる『話すこと』『話し合うこと』の指導」のポイント

*スピーチの言い出しなどのことばを学習の手引きとして示し、スピーチのメモ、原稿の助けに。

*教師もモデルとなるスピーチを。

*妥当な理由・根拠が伴った意見・主張ができるように。

*司会を立てた小グループでの話し合いへ少しずつ移行する。

*話型や学習の手引き、モデルはあくまで足場。抜け出して個性的な話すことの表現へ。

「心に残った授業」を振り返る、記述する

●区切り、締めくくりとしての取り組み

一年間の実践の終了の時期には、自身に問うてみましょう。指導者としてどのような成長がありましたか。また課題としては何が残りましたか。年度の締めくくりの時期に、こうした振り返りをすることは大事です。必ず次へのステップになります。ぜひそれぞれのレベル、方法で行いたいものです。とはいえこの時期は忙しく、振り返りをする余裕がないのも事実です。そこで、子どもたちが自身の学習を振り返る形で代替することを考えてみます。「この一年（学年）の（〇〇科の）授業で心に残ったもの」について振り返り、記述することを授業として行うというものです。小学校低学年では「いちばん楽しかった（おもしろかった、がんばった）授業」というふうになるかもしれません。

学習者の目線からの授業のあり方が見えてきますので、指導者としての成果と課題を把握することができます。教科の時間を確保したい時期ですが、こうした学習は子どもたちには大切です。

●一年間の授業（学び）を振り返る

この一年間にどんな授業（単元）をしたのか、教師が思うほどに子どもたちは覚えてはいないものです。まず、これまでどんな授業（単元）を経験したのか確認する作業が必要です。

例えば教科書のページをもう一度はじめから繰ります。個人で自由にさせてもよし、小グループでどの単元、ページの学習が心に残っているか、楽しかったか自由に話し合わせてもいいでしょう。以前はぼんやりしていたことも改めて見直してみると、その後に学んだ事柄によってつながりを見せ、はっきりとしたり、違った見え方ができたりします。

こうした教科書による振り返りとあわせて、ノートや授業中に使ったプリント、ワークシートを見直すことがあってよいでしょう。ただし、こうした作成物を用いた振り返りを行うためには、普段から書くことを授業の中に積極的に取り入れ、学習の記録として個人や学級で保管しておかねばなりません。ポートフォリオの発想での学習の足跡、学びの履歴を残す取り組みということになります。

●授業について記述する

心に残った、楽しい授業（単元）を一つ（またはいくつか）選ぶことはそれだけでも意義あることですが、さらに自覚的な振り返りとするために、その授業の内容に関係した書きまとめをさせます。なんでもよいからその授業についての感想をというのもよいのですが、発達段階に応じて、次のような条件をつけて書くことにも挑戦させてみます。

まず、その授業（単元）の何が（どこが）よかったのか、心に残ったのか、またそれはなぜなのか、理由をセットにして書かせます。短い文章であっても、根拠に基づいた理由とあわせて意見を述べることによって、わかりやすく表現する力を育てることになります。

もう少し本格的に書かせるなら、序論―本論―結論（はじめ―中―終わり）という説明的表現の基本構成に即して書くこと、本論部分には授業の中で心に残った内容（理由）を例として二～三つ示すことなどを条件設定しておきます。教科によっては、文学作品や歴史資料、歌詞の一節、一文、算数や理科の定義文などを書き写し、それを音読（暗唱）するという学習も考えられます。

さらにしっかりとした学習、単元に発展させるなら、記述した原稿を印刷し簡易な文集にして読み合う、読んだ感想をグループや学級全体で交流し合うという学習活動を設定することもできます。ここまでくると、「総合的な学習の時間」の全学年共通のミニ単元として位置づけることも可能です。

●学年末にふさわしい言語活動として

ここで取り上げた基本構成に則って記述すること、意見・主張を簡潔に述べること、それを支える根拠や事例を示し説得力をもたせることは、教科をわたって指導したい、また指導できる言語技能です。習得させ、いろんな場面、状況で活用させたい基礎的・基本的な技能でもあります。

記述、論述、説明、報告等はますます求められる言語活動です。「心に残る授業」を記述し伝え合うことを、学年末にふさわしい言語活動の一例としても積極的に取り組みたいところです。

●児童生徒の自己評価を指導のあり方に結ぶ

いずれにしても、どのレベルで置いておくかは、あてられる時間数、子どもたちの実態によります。しかし、どんな形であっても学年末に自分の学びを振り返り、その学び（成長や課題）のありようを確かめ意識すること（メタ認知すること）は、学習者自身の新たな発展を促す意味でも重要です。方法を学級や教師によって取捨選択できるよう柔軟に設定し全校で毎年取り組めば、子どもたちの自己評価力を大いに高め、学ぶことへの意識を高めます。そして、教師は彼らの記述した生の声をしっかりと読み、受け止め、自己の指導のあり方を反省します。これが次年度へのパワーを蓄えます。

「『心に残った授業』を振り返り、記述する」ためのポイント

＊学習者は学びのまとめ、振り返りに。指導者は自己の指導のあり方を反省する材料に。学習活動として位置づける。
＊教科書やノート、プリントを読み直す。
＊心に残った授業内容を根拠、理由とセットにして記述する。

ノート指導の充実

●言語活動としてのノートづくり

毎日行える言語活動の一つとして、ノートづくりを見直してみましょう。ノートは整理した考えを書いたり、それをもとに発表したりと、「書くこと」に「話すこと・聞くこと」「読むこと」を呼び込むツールです。しかし、実際にはそのような「思考の基地」としてのノートに出会うことは稀です。

●学習の足跡が見えるノートに

研究授業のときなどに子どもたちのノートをのぞくと、日頃どのようにノートを使って子どもたちを鍛えているかがわかります。漢字や言葉の意味調べ、板書事項の書き写しなどが並んでいるだけでは、ノートを活用した授業にはなりません。

やはり、その授業、その単元でその子がどのように教材に取り組み、自分の考えを深め広げたか、つまり何をどのように学んだのか、本人が振り返ってきちんと確認できるノートでありたいものです。

●授業中にメモをとる

学習の足跡が見えるノートづくりに必要な技術として、メモをとることがあります。教師の説明や友達の意見を聞き取り、自分の考えと同じもの、対立するものを短く書く。それらの発言を受けての自分の考えも書く。そうしたことが自在にできる授業はできないでしょうか。

例えばノートを上下半分に分けて、上段は学級で共通のことを書くスペース、下段は友達の意見や、それに対する自分の寸感を記すための個人用スペースとします。出された意見は、下段にキーワードのような形で記述します。友達の意見どうし、またそれらと自分の寸感が、賛成、反対の線や矢印で結ばれたり、疑問符や感嘆符、○や△などの記号が付されたりすることにもなるでしょう。見た目はごちゃごちゃしますが、「思考の基地」としてのノートになります。

上手なメモの例は、印刷して学級全体に広めます。が、あまり凝らせすぎないことです。他者の意見をしっかり聞いて、自分の考えと比べ、新たな考えをつくり出すことが基本です。

●必要な技術は指導する

小学校低学年の子どもたちにはメモは難しいかもしれません。が、自分の考えをひとことで、二行で、というように書き加えることは可能です。また上学年では授業中のメモは覚え書きレベルにしておき、それをまとめ、整理するのは家庭学習で、といったことも段階的に位置づけられます。

メモのとり方とあわせて線で結ぶ、枠で囲む、複数色を使いこなして共通性、差異性を鮮明にするなどの技術は教えていきます。個性的なノートづくりはその上で開発されていきます。

●ワークシートはその長短を吟味して

ワークシートも、ノートという枠組みに入ります。イラストやレイアウト上の工夫は意欲をもたせる効果があります。時間的なロスを防げる、回収しコピーを取りやすいなどの利点もあります。

しかし、多くは固定的、指定的です。指示されたとおりに書くだけでは、工夫の余地がありません。

ワークシートは長短を考えて活用し、冊子型ノートの開発を進めたいものです。

学びの成長が見える一冊のノートは、宝物です。その子らしいノートづくりをめざしましょう。

「ノート指導の充実」のポイント

＊書き写すだけのノートから、学習の足跡が見えるノートへ。
＊授業中に見聞きしたことや自己の考えをメモする活動の導入を。
＊個性的な楽しいノートにするための技術はきちんと指導する。
＊ワークシートは長短を吟味して活用。冊子型ノートの開発を。

第3章

授業を支える言語活動

「言語活動の充実」で授業観の転換を図る

●誰の「言語活動」を「充実」するのか

「言語活動の充実」が叫ばれています。いったい誰の「言語活動」を「充実」させるのでしょうか。当たり前過ぎるこの問いの意味を、今一度考え直してみましょう。毎日の授業、「教師の言語活動」だけが「充実」（?）している、ということはないでしょうか。

授業をどのように構成し展開するかは、全て教師が決めます。子どもたちは従うだけです。そのことがよくない方向に行くと、（教師が）「話す→話す→話す……」という展開の授業となります。「話す」は「説明する」「解説する」などのことばに置き換えることもできます。

「話す」言語活動が教師によって続けられるということは、子どもたち側は「聞く」言語活動の連続になるということです。本来、聞くという行為は主体的、能動的なものです。しかし、次々に発せられる言わば一方的な話を、意欲をもって聞き続けるというのは難しいことです。

子どもたちにも話し、説明し、語る機会、考えを発表する機会をもっと与えねばなりません。それも教師が問うて一部の子どもが挙手し答えるという形ではなく、です。教師以上によく話す機会と場を、どの子にも与えることが必要です。授業における言語活動を、教師中心のものから子どもたち中心のものにしていく。この授業観の転換が「言語活動の充実」ということでもあります。

●四領域の言語活動

言語活動は、大きく捉えると「話すこと」「聞くこと」「書くこと」「読むこと」の四つしかありません。「言語活動の充実」は、四領域の言語活動を学習者が行うものとして効果的に位置づけるということです。討論という言語活動は「話すこと・聞くこと」の、レポートを書くという言語活動は「書くこと」の具体的な活動ということです。

討論やレポートなどは、どの教科でも取り組みたい言語活動です。が、そうした大がかりな言語活動でなくても、隣の子とちょっと相談する（話す・聞く）、ノートに絵や図を書いて考える（書く）、教科書や資料の本文を音読する（読む）といった、手軽に行える言語活動こそ、頻繁に授業の中に設定しましょう。子どもたちの学習意欲が持続し、よく考えることができるようになります。

●網羅、多彩型の言語活動

「言語活動の充実」は、授業中に多くの児童生徒が「聞く↓聞く↓聞く……」とならないようにすることだと述べました。となれば、「聞くこと」以外の言語活動を意図的に配置することになります。

ある事柄について教師が問うたとします。すぐに指名せず、まず自分の考えをノートに短く書きつけさせます（書くこと）。課題によっては、教科書や関係資料に目を通すこと（読むこと）がなされ、読み取ったことや書いたことをもとにペアやグループで意見交流します（話すこと・聞くこと）。学年が上がれば、グループの話し合いでは記録係が意見をメモし（書くこと）、メンバーに内容の了解をとって全体の場で発表すること（話すこと・聞くこと）などにも挑戦させます。

このように四領域の言語活動がいろいろな形で多彩になされるよう工夫する授業づくりです。言語活動に取り組む中で考えが広がり、深まります。変化のある、楽しい学習になります。

●限定、強調型の言語活動

一方、一つの言語活動にとにかく限定して、それだけをしっかりと行っていくタイプの「充実」の仕方もあるでしょう。例えば、先にも挙げたグループ活動。これを一時間の授業の中に必ず一回（または二回以上）は行うというものです。取り入れると決めたら、学習の流れの中のどこでさせるのがよいか。どのような内容について話し合わせることが望ましいか。どれくらいの時間を取るべきか。考えるべき授業展開上の課題がいろいろ出てきます。これらの解決が授業づくりの作業そのものになります。「書くこと」を必ず設定する。これも限定、強調型のあり方の一つです。

●言語活動から発想する授業へ

どちらのタイプの「充実」でも、どんな「話すこと・聞くこと」をさせようか、どこで「書くこと」を位置づけると考えやすいかなど、子どもの側から授業を考えるようになるはずです。

もちろん、単元や本時の目標に即して、教えねばならない事柄はもっておかねばなりません。また意識しなければなりません。しかし、それをどういう楽しい言語活動で達成させようとするか、どのように言語活動をつなげていくか。言語活動から授業づくりを発想するのが違うところです。

人間はことばで思考します。どの教科であろうと、一人で、また仲間とともに、ことばを駆使する場面がどのように設定されるか。このことが学習の質を決定する大きな要因となります。子どもたちが喜々として話し、聞き、書き、読む授業。そんな授業をめざしましょう。それはきっと、彼らの豊かな学びを引き出す、質の高い教師の言語活動が展開される授業になるはずです。

「『言語活動の充実』で授業観の転換を図る」ためのポイント

＊「言語活動の充実」は、授業を教師中心から学習者中心にするということ。
＊「話すこと・聞くこと」「書くこと」「読むこと」を網羅し、またはどれかに限定し、意図的に授業に導入し、展開する。
＊言語活動を位置づけることから始める授業づくりを。

言語活動を充実させ、確かで豊かなことばの力を

●ことばの豊かさは、思考、表現の豊かさ

わたしたちはことば（日本語）で物事を考え、判断し、伝えます。身につけ、使うことばのありようが、その人のあり方を規定していると言っても過言ではありません。とりわけ語彙の豊かさの度合いは、発言の説得性や深み、ひいては人間性にまで関係します。

ところが昨今のことば事情はどうでしょうか。自戒の念も込めながら言うのですが、大人も子どもも、どうも使うことばが貧弱で画一的なように感じてなりません。例えば「やばい」ということばです。個人的にはあまり好きではありません。語感としてもよいとは思わないのですが、どんな物事、状況、相手に対しても年齢、男女を問わず、全て「やばい」ですませるようになってきました。目的や相手が変われば、使うことばも変わって当然です。多様で適切な表現、ことばを使う（使おうとする）ことで、考える力も人間関係も高まっていきます。

安易なはやりことば一辺倒の言語習慣は、良質な生活に向かうベクトルを失わせます。授業を中心

に言語活動を活性化し、子どもたちのことばを、そして生活を豊かにできないかと思います。

●言語活動をしっかりと

子どもたちが「話すこと・聞くこと」「書くこと」「読むこと」の言語活動をしっかりと行える授業にしたいと思います。

授業の中で、子どもたちは自分の考えを様々に言うことができていますか。自分の考えをつくるために仲間や教師の発言に静かに耳を傾けていますか。ノートに考えを丁寧に書きつける時間がありますか。教科書や資料にある文章をはきはきと音読したり、じっくりと黙読したりする場面がありますか。折にふれて、問い直してみましょう。これらは一例ですが、このように言語活動を「しっかり」行うことが継続できれば、子どもたちはよきことばの使い手になるだろうと思います。

●思考、判断を促すことばの使い方を

例えば「しっかり」話すということは、わかりやすく話すということです。「○○と考える理由は、以下の二点です。一点目は～」という因果関係を明らかにする述べ方、事柄を列挙する述べ方は、ある時点で教え、意図的に使わせていかねばなりません。「もう少し詳しく（具体的に）言うと」「次のような例が考えられます」「本文のことばで言うと（引用すると）」など具体化するためのことば、言い方も身につけさせたいものです。

また借り物でない自分のことばで話すことも「しっかり」という意味では大切です。「自分の考えをぴったり表す、すてきなことばを使って意見を言うようにしよう」といつも呼びかけ、自分らしい表現を求め、使うことに価値があるのだという意識を浸透させます。

考えを書くという言語活動をしっかりと行うには、なんのために、何を書くのかを明確にすることが重要です。本文に線を引くことにしても、観点が示されていると、どこに引くか、なぜ引くかという思考、判断を伴うものになります。

使用することばを指定、限定することも有効です。本時、本単元でわかったことについて、考えを書きまとめる言語活動を設定する場合、量や内容を自由に書かせることもできますが、キーワードである「○○」を必ず使って三行程度でと指定すると、関係づける思考がはたらきます。何をキーワードにして使うかを学習者自身に決定させると判断力が養えます。難易度は上がりますが、書きまとめる段階や分量によってはキーワードを二つ、三つに増やすこともできます。

こうした言語活動には、キーワードを自己の語彙に定着させる効果もあります。思考、判断を促すことばの使い方に留意して、「しっかり」と言語活動を行わせるようにしましょう。

●その言語活動ならではの表現に習熟させる

上述したような日常的な授業の中で行える言語活動の他に、各教科等でも積極的に行いたい言語活動として報告、提案、紹介、討論などがあります。それぞれの言語活動ならではの語彙、表現スタイルが使われることが大事です。意識させ、その活用に習熟させます。

報告文（レポート）を書くという言語活動なら、聞いたことは「～そうだ」「～と話してくれた」、自分の考えは「～と思った」「～と考えた」と明確に書き分けることが大事です。「次の二つの方法で調べた」「これらのことから～が明らかになった」などの表現も使えるよう指導します。これらのことばが適切に使われないと、わかりやすく説得力のある報告文にはならないはずです。

パネルディスカッションでは、司会者は「○○について話し合います」「ここまでに出た意見についてまとめます。意見は大きく二つに分かれるようです。一つは……」などの言い方に、提案者は「○○に反論します。△△なのではないでしょうか」などの言い方に慣れさせます。その言語活動特有の言葉遣い、語彙を身につけさせ、新たな場、生活の中で豊かに活用できるよう指導しましょう。

「言語活動を充実させ、確かで豊かなことばの力を育てる指導」のポイント

＊授業を中心に言語活動を活性化し、児童生徒のことばを、そして生活を豊かに。
＊授業における「話す」「聞く」「書く」「読む」をしっかりとさせる。
＊思考、判断を促す観点で日々の授業の「小さな言語活動」に工夫を。
＊その言語活動ならではの言葉遣い、語彙、表現がある。習熟させ道具にさせる。

教師の言語活動と子どもたちの言語活動

●教師の「話すこと」を減らす

「言語活動の充実」には質的な側面（思考力、判断力、表現力の育成）が不可欠です。しかし、まずは量的に授業での子どもたちの言語活動を増やしたいと思います。

もちろん教師の話（説明、語り）だけで進められる授業でも、子どもたちの思考力や判断力等が高まることはあるでしょう。しかし、毎回そううまくはいきません。発達段階によっては、授業（学習）としても成立しないでしょう。やはり教師の「話すこと」を減らし、その分の時間を子どもたちの「話すこと」「書くこと」「読むこと」の言語活動に変えていく努力を指導者は考え、実行すべきです。

●どの言語活動を採用することが多いか

教師の言語活動が「話すこと」で充実しているということは、子どもたちの言語活動は、ほぼ「聞くこと」だけになることを意味します。中学生以上は、ノートをとりながら（つまり「書くこと」を行いながら）ということも考えられるでしょうが、「聞くこと」が中心ということに変わりはありません。

つまり、自身が「話すこと」の言語活動を好む教師の授業を受けている子どもたちは、「聞くこと」の言語活動しか経験できないことになります（極端に言うと）。

どうですか。あなたは子どもたちにどのような言語活動を経験させようと努力し、工夫していますか。授業における子どもたちの四つの言語活動の中で、偏って多かったり、逆に少なかったりしているものはないか、一度チェックしてみましょう。

授業の中での「教師の言語活動」としての「話すこと」、その量的な特徴、傾向、癖を明らかにし、自覚することは、授業改善の観点からは重要です。

●教師の「聞くこと」の言語活動を充実させる

授業における「教師の言語活動」としては、「書くこと」（板書）、「読むこと」（国語科の音読、読み聞かせなど）をどのように位置づけ行うかなど実践上の課題は様々にあります。が、まずは授業における「聞くこと」の充実に努めるべきです。子どもたちの発言、考えを聞くという行為です。

ただ、これが案外難しいもの。わからせたいこと、説明したいことが教師の頭の中にはたくさんありますから。つい子どもたちの意思表明、発言の機会を抑えてでも自分が話す結果となります。研究授業や得意教材（単元）では、普段より教材研究ができているために、皮肉にもこの傾向が強まります。

しかし、そこをぐっと我慢。聞く姿勢を保つことを一度がんばってみましょう。たとえわずかな時間でも。その分だけ彼らの「話すこと」は確実に充実することになります。こうした教師の聞く（聞こうとする）姿勢は、彼ら自身の聞き方のよい見本にもなります。

●まず一つ、子どもたちに充実させたい言語活動を

授業における「教師の言語活動」としての「話すこと」固執主義から脱することが少しずつできてきたら、教師が「話すこと」で子どもたちから奪っていた授業時間を、次は彼らのどんな言語活動として、彼ら自身の手に返していくかを考えましょう。

先ほど述べたように、教師が「聞くこと」を充実させて、子どもたちの「話すこと」を活性化させることも一つです。（その際、とにかく発言する→考えと根拠、結果と原因をつなげて言う→事柄どうし、仲間の意見と自分の意見を比べて言う、など発展性をもたせた指導を心得ておきます。）

バランスよく「書くこと」も「読むこと」もさせるという発想も大事です。しかし、あれもこれもというより、例えば「書くこと」を、と決めていくのもいいでしょう。「これまであまり書かせていなかった」という教師としての反省が理由になってもかまいません。「この学級は、考えを書きまとめる力が弱いから」という子どもたちの実態を踏まえて、ということであってもいいでしょう。

子どもたちの、そして教師の授業における言語活動のありようを再点検し、どちらの側にとってもバランスのよい言語活動が展開される、楽しい授業づくりをめざしましょう。欲張らず、まずは一つの言語活動のあり方について変化を求め、授業を変えていくこと。そこからスタートです。

「教師の言語活動と子どもたちの言語活動」を考える際のポイント

*「教師の言語活動」（とりわけ「話すこと」）だけがさかんに行われている（充実している）ことはないか。

*自分は、授業でどれほど「話す（説明する、語る）」タイプの教師か。これもチェック。

*教師がまず子どもたちの発言をしっかり「聞くこと」。ここから変えていく。

*「書くこと」など特定の言語活動を以前よりも取り立てて授業の中に増やしてみる。これも授業を変える一方策。

「説明」することをもっと授業へ

●「説明」の重視

平成二〇年版学習指導要領では国語科はもとより各教科等においても、様々な形で言語活動を展開するよう示されました。中でも「説明」ということばがあちこちに見られます。

例えば、小学校では算数科に「加法と減法の相互関係を図や式に表し、説明する活動」（二年〈算数的活動〉）とあります。理科では「……科学的な言葉や概念を使用して考えたり説明したりするなどの学習活動が充実するよう……」（「指導計画の作成と内容の取扱い」）となっています。中学校では、社会科〈歴史的分野〉に「歴史的事象の意味・意義や特色、事象間の関連を説明したり、……」（「内容の取扱い」）や、音楽科に「音楽を形づくっている要素や構造と曲想とのかかわりを感じ取って聴き、言葉で説明するなど……」（一年「B鑑賞」）などがあります。

●意外とできていない「説明」

説明するなんて、取り立てて言うほどのことではないようにも思います。もちろん思いつき、雰囲気で目の前のものを説明することはできるでしょう。しかし、先に取り上げた「説明」は、見たり聞いたり、調べたりして見いだしたこと、学んだことを用いて説明することを求めています。また取り上げる事柄の大事な点、本質について説明することや、事柄と事柄の関係、つながりといったことを説明するよう求めています。思考、判断を伴った「説明」です。

●理由・根拠を伴った説明

そうは言っても、あまり小難しく考えると説明する活動を位置づけることそのものがおっくうになってしまいます。説明とは「ある事柄がよくわかるように述べること」です。まずは、なぜそのように思ったのか（考えたのか）、理由や根拠をセットにして説明するように指導しましょう。「これは、〇〇のようにするとよくわかります。なぜなら〜だからです」「この事実からわかることは〇〇です。その根拠は〜です」のような話型を指導し、思考・判断型「説明」に慣れさせることも初期の段階では必要です。この理由・根拠の部分にその子らしさが出ます。

●簡潔な説明

理由・根拠を伴った説明は、簡潔になされるよう指導します。短すぎず長すぎず、情報量が少なすぎず多すぎず、ということです。「短・少」すぎることは「理由・根拠をしっかりと（もうひとこと)」でカバーします。「長・多」すぎることは「結論とその理由をひとことで」を繰り返し要求します。

肝心なのは、少しでも改善が認められたら「ずいぶん詳しく理由が言えるようになったね」「短く、すっきりと説明できるようになってきたね」と、すかさずその場で繰り返しほめることです。簡潔なよい説明とはこういうことか、と聞いている他の子どもたちがモデルとして実感できます。

●各教科等に特有の語句、表現を使って

思考・判断型「説明」は、どの教科等でも取り入れていきたい言語活動です。が、その際に、その教科等に特有の語句や表現を意図的に使うよう指導できないかと思います。

例えば理科。小学校六年の教科書(東京書籍)では、「水よう液」の単元にこうあります。「塩酸にアルミニウムはくがとけた液を蒸発させて出てきたものは、あわを出さずに塩酸にとけたり、水にとけたりすることから、もとのアルミニウムとはちがうことがわかる。/このように、水よう液には、金属を変化させるものがある」。「~することから~ことがわかる」という理由(因果関係)を示す言い回しと、「このように」で結論を示し「~ものがある」という類別思考を促す表現がとられています。こういう述べ方は、理科の時間にこそ意図的に使って説明させ、習得させたいと思います。

数学の教科書(教育出版)では、中学校一年単元「いろいろな立体」に「角錐や円錐では、その頂点から底面に垂直におろした線分の長さを、その角錐や円錐の高さという」とあります。「~を~と

いう」は、物事を定義する表現です。算数、数学、社会、理科にもよく出てきます。「意識して使ってみよう」と呼びかけ、「かっこいい説明になったね」とひとことほめることはできないでしょうか。

●説明する場の設定

思考・判断型「説明」ができるようにするには、とにかく児童生徒自身が説明する場や時間を授業の中に確保しなければなりません。時間がかかることを理由に説明する機会を与えないのでは、いつまでたっても思考・判断型「説明」はできるようにはなりません。隣の子に説明する機会を一時間に一回設けることを、時には試みてみましょう。

また説明の場ということでは、書くことについても同様に思考・判断型「説明」の言語活動を行わせたいものです。短く端的に説明して書く。ここから取り組みます。

「『説明』することを授業にもち込む」ためのポイント

＊授業で発見した事柄を使って、本質や関係を自分のことばで説明する場を設定。
＊理由・根拠をセットにして説明するよう徹底する。話型指導も有効。
＊各教科特有の説明的表現を意図的に使って説明させることも。教科書の利用を。

授業を活性化する書くことの開発

●書くことを取り入れて学習活動に変化を

教室での授業は、どうしても音声によるやりとりが中心になります。効率よく進めることや、抽象的な事柄についての考えを深めることをめざすと、「問う―答える、説明する」「話す―聞く」という学習活動は必要です。しかし、こうした話しことばのみの活動では、小学生はもちろん中学生でも一時間の授業はもちません。席に着いていたとしても、頭のほうは休憩ということも多いでしょう。

そこで、書くことを積極的に取り入れて、学習活動に変化をつけることを考えます。それも多様、多彩な、そして簡便な書くこと（「小さな」書くこと）の導入をめざします。

●短く、簡潔に

書くことはおっくうで面倒なものです。原稿用紙に何枚もというまとまった量の文章を書くとなったら一仕事です。しかし、ノートに一行で書くのであれば、負担は減るでしょう。短く簡潔に書くことで思考や想像の作用を促進させることをめざしましょう。

例えば、答えや自分の考えを一文（一行）で書くことから始めます。一語で、もありでしょう。三文に、三行程度にというふうに、子どもたちの実態や時間の都合で変化をつけることもできます。

これらの条件を厳しく守って書かせることにも意義はありますが、あまりにきっちりし過ぎて書くのを嫌いにさせてしまっては本末転倒です。まずは一応の目安と考えて取り組ませるようにします。

文章を書くことだけではありません。丸や四角で囲む、該当部分に線を引くなども書くことになります。判断を○や△で表すということもいいでしょう。簡単な絵図を描くことも取り入れます。わずかでよいのです。鉛筆を動かし、考える手がかり、考えた結果を書き示す。そのこと自体が大事です。

●学習内容に合わせて自分のことばで

書くことを取り入れる場合には、学習内容に対応した様々な方法で表現させることになります。教科等の違いにもよりますが、基本は「自分のことばで」ということです。もちろん問題（話題）の部分を見つけて書く場合は、教科書などの表現をそのまま抜き出し書き写すことになります。しかし、考えをもつためや伝えるために書く場合には、借り物でない自分のことばで記述させたいものです。「○○はどうなると思うか。ノートに一行で書いてみよう」と投げかけたなら、「～になる」と一言で書いてもいいのですが、例えば「～になる。○○だからである」のように理由を添えて書くことを奨励します。

文学教材の学習では、登場人物に同化して会話文として書くことがあります。想像し自分のことばで書いた主人公のひとことは個性的なものになります。それらを交流することは新鮮で楽しい学習になるはずです。学習する内容に合わせた、その子らしいことばで記述される活動にしましょう。

●目的に合わせて

書くことを取り入れる場合、目的との対応を確かめておきます。授業の流れとの関係では、まず自分の考えをもつために書く、ということがあります。教科書に書き込む、直感的な感想や答えを記すなどです。学習の出発点としての自分の考えが定まります。

次は、考えをつなげ深めるための書くことが位置づきます。一時間の授業の中核部分に当たります。この段階で一回でも書く活動が設定されると授業が引き締まります。書くことによって自分の考えをいったん整理し、修正したり広げたりすることができるからです。「これとこれの、どちらがよいか。理由とともに書いてみよう」「この二つの考えの違いは何か、書いてごらん」のような比較型、「これはなぜなのか」「どうしてこのように考えられるのか」という因果関係型など、思考のあり方とセットにして書かせ、学習を深めていきましょう。

最後の、考えをまとめるために書くことは、少し長めに書かせてもいいですが、時間の都合もあります。「今日学んだことは何か。一行で書きまとめておこう」ということであってもよいでしょう。「今日の学習のキーワードは何か。なぜ、キーワードとしたか。セットにして書いておこう」とすると、違った形での縮約型の書きまとめとなります。これらは、学習したことの評価にもなります。どの段階でも書くことは難しいかもしれません。それでも、教師の余分な説明、解説の時間を削り、できるだけ子どもたちが書く時間の確保に努めましょう。

●柔らかな発想で

授業では限られた時間で書くことになります。途中までしか書けない子もいるでしょう。「書けたところまででいいよ。あとは考えて発表しよう」と言って進めましょう。「時間内で書き終わるように、またがんばろう」とめあてをもたせ、無理をせず少しずつ書き慣れさせていくようにします。

「授業を活性化する書くこと」を開発するためのポイント

*線を引く、ノートに一行、でよい。短く簡潔に書くことを頻繁に、多様に。授業に変化を。

*学習する内容に即した書くことを。自分のことばで書くことを大切に。

*なんのために書くのか。意図を明確に。

*無理せず、少しずつ書き慣れさせる。

学んだことを「まとめる」言語活動

●授業内容を「まとめる」という活動

「この一時間で新しくわかったことはどんなことかな」「今日学習した○○のポイントはなんだったかな」授業の終わりにこのように問いかけて子どもたちが的確に答えることができれば、その授業は指導者としても学習者としてもよい授業だったということになります。

そのためには、教師はねらいが明確、構成が明快、内容も適量な授業を心がけねばなりません。ややこしい授業をしておいて「しっかりまとめよ」というのは酷な話です。一方、子どもたちとしても事柄を整理し要約して表現する力が要求されます。どちらにとっても一朝一夕にはいかない仕事かもしれませんが、意義を認め授業づくりの大切な要素として、できる範囲で位置づけたいものです。

●自分のことばでまとめる

「まとめる」際の基本は、児童生徒が自身の考えを自分のことばでまとめ、表現するということです。教師が一方的にまとめ、それをそのまま書き留めさせたり覚えさせたりするというのでは、本当の意味で「まとめる」ことにはなりません。どんなことを学んだのか、何が大事なのか、自身で振り返り、判断し、整理する。そのこと自体が大切な学習です。ところが、この肝心要のところを案外教師が奪ってしまい、まとめはなされた、とすましてしまうことが少なくありません。

仮に教師がまとめることがあったとしても、それをそのまま学習者側へスライドさせず、彼ら自身のことばで再構成、再整理させて表現させる。こうしたスタイルを大事にしたいものです。

●書いてまとめる、話してまとめる

「まとめる」というと授業の終末に書くことでなされることが多いでしょう。書くことは考えを整理することです。書きまとめることが短時間でも継続してなされる教室には確かな学びが生まれます。「まとめる」時期的なことで言うと、導入段階で行うことも考えられます。前時の授業内容についてまとめる活動です。前時に何を学習したか、何が明らかになったか、それを受けて本時はどんな問題を解決するのかなど、振り返りと見通しを簡単に、ここでは口頭で説明することになります。「昨日の授業でどんなことを学習したか、教えてください」といった気軽な形で始めてもよいでしょう。だらだら言うと聞く方も大変ですので、一分以内でなどと約束をしておきます。ノートや教科書を見ながら言うのもかまいません。あらかじめ順番を決めておいてもよいでしょう。はじめはうまくいかないこともあるでしょうが、言い方の手引きを示し、徐々に慣れさせていきます。

導入でもたもたすると授業に勢いがなくなるということも事実です。が、単元、教材によっては、学習者に授業から授業へのつながりを意識させ、問題意識を継続させる意味で、前時の授業内容をまとめて説明させることは取り組ませたい言語活動です。

書くこと、話すこと、それぞれによる「まとめる」活動を、内容や状況に応じて使い分けて経験させるようにしましょう。相乗効果が期待できます。

●途中段階での「まとめる」

「まとめる」時期的な観点から言うと、はじめ、終わりとくれば、一時間の中程辺りでの「まとめる」活動も検討してみたいところです。学習の「中間まとめ」ということになります。「ここまでの段階でわかったことは何か。まだはっきりしないことは何か」「ここまでの主人公〇〇の行動をどのように考えるか」「ここまでの自分たちのプレーはうまくいっているか」など、自分の考え、意見を書いて（話して）まとめることなどが考えられます。

途中段階ですから、あまり時間はかけられません。ノートに一、二行で書く。隣の子とひとことずつ言い合う。グループで交流する。それで十分です。答えを出すことが目的ではありません。自分の考えの位置を確認し、次の思考への準備、構えをつくるのです。ただ、どの授業でもということにはならないでしょう。教材や単元の内容、学習者の実態によります。毎時間やる必要もありません。

途中段階でのまとめという意味では、単元半ば辺りでの「まとめる」活動も検討したいものです。

数時間から一〇時間前後の単元であれば、学習のまとまりとしてのいくつかの節目があります。第一次、二次のような区切りもありますが、同じ第二次の中でも学習内容の質的な節目はあるものです。そうした節目で「ここまで学んだことのまとめ」を記述する（または話し合う）のです。ここまでの学習を受けて（活用して）さらに内容面、学習の仕方の面での発展を意識させることができ、学習の質的な高まりが期待できます。

ところが、こうした単元途中での学びの「中間まとめ」は、案外なされません。自己の、学級の学びの状態、方向を客観的、自覚的に捉え、意欲と見通しをもって学習に向かう姿勢は、身につけさせたい学習技能です。

「学んだことを『まとめる』言語活動」のポイント

＊「まとめる」ことは、授業と授業のつながりを意識させる大切な言語活動。
＊児童生徒が自分のことばでまとめることこそが重要。
＊書きまとめだけでなく、話しまとめも。
＊授業の終わり段階だけでなく、はじめ、途中の段階にも設定する。単元の途中でも見通しをもつためにまとめさせる。

言語活動の楽しさの実感

●授業びらきの国語科授業

一口に年度初めの国語科の授業と言っても、いろんなケースがあります。小学校一年生は、やはり特別です。また持ち上がりの学級と新しい学級では意味合いが違います。中学校では、学級替えがあっても、教師が学年を持ち上がれば、同じ国語の先生の授業の継続ということになります。また、授業びらきという場合、まさしく最初の一時間を指すのか、第一教材（単元）を学習する間を指すのかによって捉え方が違います。（ここでは最初の一時間を授業びらきの時間として捉えます。）

いずれにしても、教室が変わり、新しい教科書、買い換えたノートを机の上に置いてのスタートです。国語は苦手だ、好きではないという思いを引きずっている子も、新たな気持ちで授業に臨むことができる数少ない機会です。そうした思いに応える授業づくりの観点を、言語活動の楽しさを実感させるということに求めてみます。

●声を出す、響かせる

楽しさを実感させる言語活動として、まず声を出すことに取り組みます。自己紹介のスピーチで、ということも考えられますが、多くの子どもに機会を保障するという点から音読がよいでしょう。投げ入れ教材を用いてもいいですが、新品の教科書が目の前にあります。冒頭に配置されていることが多い詩や文学教材を積極的に使うことを試みましょう。

書かれていることばのおもしろさ、豊かさは、声に乗せて表出してみて感じ入ることが多いもの。まずは一人で声に出して読んでみます。意味のわからないことばがあれば予想し合ってもいいですが、さっと教えてやってかまいません。書かれていることばを声に出すこと、教室に読み声が響くこと、そのことばの響きを自分たちの耳で確かめることを大事にしたいと思います。

ペアで一文(一段落、一連)ずつ交互に音読する。グループで順番に音読する。こうした音読も、新しい友達、旧知の仲間の一学年進級した声を感じる場として位置づけたいものです。一斉音読も積極的に取り入れます。はじめは小さな声であったり、不揃いであったりしても、教師もいっしょに読んでリードし、そろってきたらほめます。集団によるボリュームある声の響き、心地よさは、学校でないと経験できません。今後の音読活動への期待がわくようになるはずです。

グループごとに、どこをどのように読むか相談させ、ミニ群読のようになってもおもしろいでしょう。仲間と協力して言語活動(音読)をする。声を響かせる。そのことの楽しさを感じ取らせます。

●短作文としての書くこと

書くことは苦手だ、面倒だと思っている児童生徒は少なくありません。そんな子どもたちに「これからの国語の授業では、気楽に簡単に鉛筆を動かしながら、書くことのおもしろさ、よさにふれていくようにするよ」というメッセージを送るようにします。短作文としての書くことの導入です。

短作文は一語、一文、二文、一段落から二〇〇字程度までと幅はありますが、量的に短く書くことを言います。学習者にとっては負担が軽く、長い作文を書くことの土台づくりとしても機能します。

例えば、第一教材の詩や文学教材を読んで読後の感想を書くとします。ここで長々と書かせたのでは「また今年もか……」ということにもなりかねません。そこで短作文の発想を借りて「読んだ感想を一語で書いてみよう」ということを試みます。どうしてその一語にしたのか、理由を一文（一行）で書いて付け足しておくということになってもいいですが、それは付録。あくまで「一語で」にとどめます。一語で書きにくい子には、二語になっても、一文で表すことになっても認めます。気楽に書くこと、ちょっと書き留める感覚。それがいいことなのだと言い聞かせ、気づかせたいものです。

物語（詩）の中で心に残った（好きな）ことばを一つ（二つ）選んでノートに書く。こうした形での感想を書くことも行います。いずれも「読む」と「書く」を関連させた言語活動です。

●話して伝える

右に述べた短作文として書いたことは、隣の子に、グループの子に話して伝えるようにします。なぜそう書いたのか理由を話します。席を立って五人の友達に伝える活動にすることもできます。

本来、思ったことや考えたことをおしゃべりすることは、楽しいはず。国語の授業にもどんどん取り入れて、多様な考え、発想が生まれる機会、場とすることが望まれます。まして最初の授業でもあります。読んだこと、考えたこと、書いたことは、伝え合い、自分の考えに生かす。そういうことを楽しみながら行う国語の授業になるのだという予告を、言語活動を実際に経験させる中で行います。

「言語活動の楽しさを実感させる授業びらき」のポイント

＊国語は苦手だ、好きではないという思いを引きずっている子も、年度初めは、新たな気持ちで授業に臨むことができる数少ない機会。

＊音読を積極的に取り入れ、教室に読み声が響くこと、ことばの響きを自分たちの耳で確かめることを大事に。

＊一語、一文、二文、一段落から二〇〇字程度まで、など多様に書かせる短作文を活用する。

＊書いたら話して伝え合って、自分の考えに生かすような言語活動を意図的に。

読む力をつける楽しい言語活動を

●読むことの授業を楽しく

　平成二〇年の学習指導要領の改訂を受け、国語科だけでなく各教科等の学習においてことばの力を育てることが求められるようになりました。しかし読む力の育成に関しては、国語科の文学教材や説明文教材を読むことの学習が中核を担います。

　社会科や理科における読むことの指導についても、従来よりも意識する必要が出てきたでしょう。それでもまず国語科の授業でしっかりと読む力をつけることに取り組まねば話になりません。この機会に改めて、子どもたち主体の、楽しい読むことの授業のあり方を考えてみたいものです。

「言語活動の充実」は、そのための手段、考え方として位置づけます。言語活動を充実させることは、学習者中心の授業をつくることに他ならないからです。

　学習者中心の、楽しい読むことの授業づくりのポイントを、ここでは以下の三つで考えることにします。

○つけたい読みの力を明確にすること
○シンプルで手軽な「小さな言語活動」を多様に位置づけること
○言語活動を関連させること

●読みの力の捉え方

まず、どんな力をつけるのか、それが曖昧では楽しい授業をつくることはできません。「わかった」「できた」「なるほど、そうか」という知的感動。これこそが学ぶことのエネルギーであり、目標です。

読みの力としては、次の六つに着目します。

ア　叙述に主体的に向かう力
イ　大きく捉えて読む力
ウ　比べて読む力
エ　つなげて読む力
オ　批判的に読む力
カ　図表や写真を読む力

ア～エは従来からも重視されてきました。特にウの「比べて読む力」と、エの「つなげて読む力」は基盤となるものです。

アの「叙述に主体的に向かう力」や、イの「大きく捉えて読む力」は、案外忘れがちになります。オの「批判的に読む力」、カの「図表や写真を読む力」は、ＰＩＳＡ調査との関連で注目されました。

これらの力は重なっている部分もありますが、主にどれに焦点を当てて言語活動を開発し、設定していくのかを考えます。もちろん複数の力をあわせてねらいとする場合も出てきます。

●「小さな言語活動」を多様に、関連させて

めざす読みの力は、具体的な言語活動を通して身につけさせることになります。

学習指導要領国語科の言語活動例もありますが、主人公の心情が最も表れている部分を視写する、読み取ったことを音読で表すなど、シンプルで手軽な、言わば「小さな言語活動」とでも言うべき学習活動を積極的に活用することを試みたいと思います。この種の言語活動は、先行実践の成果にいろいろ学ぶことができます。

「小さな言語活動」の活用は、言語活動を関連させた学習活動を発想することに通じます。

例えば、主人公の会話部分に付け加えたいひとことを想像するという読む活動は、吹き出しの形で書く活動にもつながります。それを隣の子と言い合い、そのことばを書いた理由を伝え合えば、話す・聞く活動となります。

学習指導要領国語科の領域区分である「話すこと・聞くこと」「書くこと」「読むこと」における

様々な「小さな言語活動」を効果的につなげて、楽しい読むことの授業開発に取り組みましょう。

「読むことの授業づくり」のポイント

＊つけたい読みの力を明確にする。
＊シンプルで手軽な「小さな言語活動」を多様に取り入れる。
＊言語活動を関連させて活動を仕組む。
＊つけたい読みの力として、叙述に主体的に向かう力、大きく捉えて読む力、比べて読む力、つなげて読む力、批判的に読む力、図表や写真を読む力を意識し、これらがよくはたらく言語活動を開発し、位置づける。

叙述に主体的に向かう力を育てる

●本文を読むことを大切に

読みの力、読解力をつけようと、様々な工夫、手立てを施すことが試みられています。しかし、何をおいても真っ先に、そして着実に、継続して取り組まねばならないことは、「叙述に向かう」ということです。それも、自ら、主体的に。

まずこのことがきちんとなされないと、読む力の伸長はあり得ません。子どもたちは、さっと読んだだけでわかったつもりです。読み返そうとしません。雰囲気、感覚で意見を言います。

そして、教師もそれをついつい許してしまいます。教科書本文をしっかり読む。この基本的で当たり前の活動を徹底することです。

一時間の授業でも、導入部での読みと展開部、終末部での読みは異なるはずです。その都度、進んで叙述に立ち返り、ことばから想像したり考えたりしてくれればよいのですが、なかなかそうはいきません。

「よく読み直してごらん」「どのことばからそう言えるのかな」と繰り返し問いかけ、促すことも大切ですし必要です。それに加えて、本文に戻らざるを得ないような言語活動を設定し、授業を構成、展開することにも積極的に取り組んでみましょう。書くことや音読の活用です。

●書いて叙述に着目する

まず書くことです。本文に傍線を引く、行間に書き込むことなどは、普通の読書でもよく行われる、叙述に向かう基本的な書く活動です。

線を付し、気になる語句を枠で囲むことで一つ一つのことばを吟味することになります。疑問、共感、イメージなどを叙述から具体的に引き出します。

読み取った中身や理由を短く行間に書く、ノートに書き出すことは、発展型の書く活動になります。読み深めの段階では、キーになる語や文をノートに（教師は黒板に）視写することも、可能な範囲でぜひ位置づけたい言語活動です。

書くことは時間がかかります。個人差もあります。しかし、自力で本文に挑んでいく貴重な時間となります。線の引き方や書き込み方のよい例を示しながら、充実させていきましょう。

●音読で叙述に戻る

音読は授業導入部では本時の内容を確認する形で、終末部では読み取ったイメージや考えを確認する意味でよくなされます。しかし肝心の展開部では少なくなりがちです。すばらしい読みが次々に発表されても、聞く力が弱い子にとっては頭上でのやり取りに過ぎません。取り上げて考えたい叙述、ことばは、一斉にまたは一人で音読して確認するようにします。自分で音読して本文のことばに着目することもできますが、場合によっては教師が、あるいは指名した子どもが代表で当該箇所を音読することで叙述に向かわせることも取り入れます。中には自分で音読すること自体が精一杯で、叙述内容への意識が弱くなってしまう子もいます。学級の状態を確かめながら様々な音読を位置づけ、叙述に向かう姿勢を身につけさせましょう。

音読は簡便で、頻繁に取り入れることができる格好の言語活動です。ことばを目で追い、声に出し、耳で聞いて確かめることになります。何より授業に変化と活気が生まれます。

年度当初に辛抱強く、根気よく指導すると、ことばを大事にする姿勢が見られるようになっていきます。

●ことばから考える楽しさを

読み流していたときには思いもよらなかった新しい考えが、読み声から、鉛筆の先から浮かび上がってくるはずです。はじめはおっくうがっていても、叙述から読みを見いだすことのおもしろさが実感できてくれば、進んで本文に向き合うようになります。

ユニークな言語活動も時にはいいでしょう。しかし、従来から行われているものであっても、じわじわと読みの楽しさがわかってくる言語活動こそ大事にしたいと思います。

叙述に主体的に向かう力は読みの力の根っこです。本文から自分の考えを生み出す姿勢を地道に、着実につけさせるよう取り組んでいきたいものです。

「叙述に主体的に向かう力」を育てるためのポイント

＊本文に線を付す、考えを書き込む、書き出すなど、手軽に行える言語活動を大事に。ことばの吟味力をつけること。視写活動の再評価も。
＊一斉、個人での音読活動を積極的に位置づけ、叙述に基づき考える態度を徹底する。読み深める部分での音読を。
＊叙述に向かう力は、読みの力の根っこ。地道に、着実に。

大きく捉えて読む

●文章全体を視野に入れて

国語科での読むことの授業の多くは、場面や部分を細かく切って扱っています。丁寧に読ませたい、扱いたいという発想からです。そうなると、あまりたくさんの文章量だと四五分（五〇分）では多すぎて時間内に終わりません。そこで勢い狭い範囲を読みの対象にしようということになります。叙述の細部に着目し、分析的に読み取ったり、想像したりすることは、読みの力としても重要です。しかし、あまり細かく読むことばかりにこだわると、限定的な範囲の読み、部分的な読みにとどまってしまいます。

文学教材であろうと説明文教材であろうと、作品全体、文章全体を通して述べたい、主張したいこととの関係で、当該場面（段落）の意味や価値が決定されます。文章全体を大きく捉えること、全体を意識して当該の場面や部分を読むことにも取り組ませたいと思います。

●展開順に即して説明する

例えば、物語を通読した後に「どんなお話でしたか」と問うてみましょう。もう少し具体的に「誰が出てきましたか」「どんな出来事（事件）がありましたか」と尋ねることもできます。

これらに答えることは粗筋を説明する言語活動になります。教科書のページをめくりながら説明してもいいですし、読む前に先の問いを示しておき、教科書を閉じて思い出しながら説明することに挑戦させてもいいでしょう。いずれにしても、展開に沿って簡潔に説明することをめざし、順序立てて考え、表現する思考力に培うようにします。

説明文なら、「何について説明している文章でしたか」「どんな例を取り上げていましたか」「どんな意見でまとめていましたか」のようになります。

これらの活動は、物語文や説明文の展開のあり方に意識を向けさせる効果があります。また内容を要約して伝える力をつけることにも役立ちます。一人で完結させてもいいですが、数人のリレー形式で行うこともできます。いずれにしても簡潔に述べることが基本です。

●全体から選ぶ

文章全体を大きく捉えさせるという点では、おもしろかった（心に残った）箇所を見つける、選択することにも取り組みたいところです。全体の中から部分を抽出する活動ということになります。

物語文を読んだ後に「どの場面が心に残りましたか」とか「おもしろかったところはありましたか」と問いかけてみましょう。どのように心に残ったのか説明することで、話の展開や内容の理解を促進します。説明文なら、「なるほどなと思ったことはなんですか」「疑問に思ったことはありませんでしたか」のように問うてみます。

なぜその場面が心に残ったのか、その事柄を疑問に感じたのか、ノートに二、三行で書く、グループで話し合うなどの「小さな言語活動」をここでも活用します。

先の「展開順に説明する」ことは、叙述内容を確認する読み方ですが、この「全体から選ぶ」ことは、当初段階の直感的、概括的な自己の読みを形成する機能があります。

読むという行為は、自己（の思いや考え）を表現することです。内容を確かめ捉えることだけにとどまらず、それを踏まえてどのようなことを思い、感じたか。どのような考えをもったか。こうした主体的な反応を示しながら読み進めることをしっかり保障すること。基本的かつ大切な読書行為であるにもかかわらず、十分になされていない授業も少なくないかもしれません。

●自分のことばで、テキストの内容をまとめて説明する

物語文や説明文のまとめの学習として、自分のことばで作品や文章の内容を説明することを取り入れます。ここでは先のように出来事を順序よく言うのではなく、学習したことを生かして、主人公の変容のありよう、説明文の筆者の考え方などを中心に、自分のことばで説明するように指導します。

根拠となった表現を引いて、この作品、文章から学んだことを説明してもいいでしょう。

これらは、文章全体を総括し要旨をまとめる言語活動となります。考えを自分のことばで、ということが大切です。

「大きく捉えて読む」ことのポイント

＊通読したら、出来事の順、例の挙げ方の順などに即してテキスト全体を説明する。
＊心に残ったところ、納得したところなどをテキスト全体から抽出し、理由を話し合ったり、書いたりする。
＊まとめの読みとして、テキストの内容（主人公の変容のありよう、説明文の筆者の認識のあり方等）を自分のことばで説明する。

比べて読む、つなげて読む

●「比べる」「つなげる」ことは読む力の基本

読む力の中でも「比べて読む」「つなげて読む」ことは、ぜひとも身につけさせたい基本的な読み方、読みの力の一つです。従来からも、対比（異なる点を比べて捉える）や類比（似通った点を比べて捉える）、関係把握などのことばで、その効果、意義が主張されてきました。また、たくさんの実践例も報告されています。

「比べる」「つなげる」は、それぞれ「比較」「因果関係」の思考を促します。読むことの言語活動の充実を図るには、こうした思考力を高める観点を意識することが重要です。

●人物像を比べ、つなげる

文学作品は、人物（主人公）が様々な出来事（事件）に遭遇しながら変容を遂げていくありようを描いています。その変容が劇的であったり、共感（違和感）を覚えたりするところに、感動や味わいが生じます。授業では変わっていく主人公像を捉え、前の場面とどのように変わっているか（変わっていないか）を考え、それらをつなげて変容した理由や意味を考えることが大切になります。

「ごんぎつね」を例に取りましょう。盗んだ鰯を兵十の家の裏口から投げ込んだごんが、うなぎの償いにいいことをしたと思い、栗を持って行く場面があります。ごんは、そこで「いわし屋のやつに、ひどいめにあわされた」と嘆く兵十の様子を目撃し、「これはしまった」「かわいそうに」と思い、次の日も、その次の日も栗や松茸を持って行くことになります。

この場面で、山で拾ったものを兵十に届けることは、はじめも後も共通しています。授業では、はじめのごんと後のごんは同じか違うか、またどのように同じか（違うか）を学習課題としてみます。前後のごん像を比べる学習です。

隣の子とちょっとした話し合い（伝え合い）をする、考えをノートに短く書きつけるなどの「小さな言語活動」を活用する観点からは、まずノートに判断結果を書き、なぜそう考えたか理由も書くようにします。その際、一文にするか、二～三行にするか、もっと詳しく書くかは、学級の実態や時間との関係で決めます。「『これはしまった』と思った後のごんは、それまでのごんとは違うと思います。なぜなら……」という具合に書いて、とりあえずの自己の読みを記すことになります。

書いたらそれを二人で（グループで、全体で）交流します。この理由をしっかり話し合うことが、この場面のごん像を読み深めることになります。同じ「変わった」という意見でも、自分が思っていたことと違う観点（本文のことば）から理由を述べる仲間（他者）の読みと比べ、自分の読みとつなげることで、また新たなごんの像（イメージ）が浮かんできます。教室で多くの仲間（読み手）といっしょに学ぶからこそ得られる楽しさです。

大事なことは、理由をセットにすること、その根拠が本文の表現（ことば）に基づいていること、それを短くても書くこと、そして自分のことばで説明することです。

栗を拾っているとき、それを持って行っているときの様子は、前の拾い方、持って行き方と同じかどうか、それを置いているときのごんの様子を、鰯を投げ込んだときと比べて想像して説明することもさせたいところです。拾っているときのごんの心の中のことばを吹き出しに書いて言い合う学習も、読み深めることに有効でしょう。これらの言語活動は、比べて捉えることを助けます。

●行動や様子、心情をつなげ、人物像をまとめる

前の場面のごん、そして仲間の読みと比べて変容を捉えた人物像を、最後にはつなげて読みまとめてみます。

言語活動としては「〇〇〇ごん」と題して、この場面のごん像を二百字程度で解説することを位置づけます。比べ、つなげて深め、広がったごんのイメージを、最後は自分なりに再構成し書きまとめることは、異化的な読みの力をつけることに有効です。板書にある（または教科書の）キーワードを使って（場合によってはその数も何個以上と決めて）書くように、と指定してもいいでしょう。先の場面では「兵十にますます申し訳なく思うようになったごん」のようにすることもできます。

最初はこの小見出し風の題名だけを書いて、それについての解説文は口頭で、というやり方でもいいでしょう。

部分で捉えた人物像を関係づけて総合する思考、表現の学習活動となります。

「比べて読む、つなげて読む」ことのポイント

＊「比べる」「つなげる」ことは、ぜひ身につけさせたい基本的な読み方、読み（思考、表現）の力。
＊文学教材では、人物像の変容を読むこと。そのために、出来事の前後の人物の行動、様子、心情などを比べて、どのように変わったか説明したり書いたりする。
＊場面の人物像について、小見出し風に題名をつけて解説文を書く（口頭で解説する）。

●主体的な読みとしての批判的に読むこと

読むという行為は、本来主体的で能動的なものです。小説を楽しむ読みでも、目的にかなう情報を求める読みでも、読み手は「なるほどな」「そうじゃないだろう」「なぜだろう」など、納得や反対、疑問をもって読まなければ、自身にとっての意味や価値は少なくなります。しかし、授業ではこうした主体的な反応を案外要求しません。

ＰＩＳＡ調査（生徒の学習到達度調査）の影響もあって、批判的読み（クリティカルリーディング）、評価読みなどのことばを聞くことが多くなりました。「批判」ということばは、粗探し、文句づけのような感覚で捉えられがちですが、批判的に読むというのは、よいものはよい、悪いものは悪い、よくわかる、わからないなどをはっきりと主張できる読み方です。先に述べたように、叙述内容、表現のありように対して主体的に反応する読み方でもあります。

読み取った叙述内容を単に説明することで終わるのではなく、批判的に読むことを積極的に位置づけ、読んだことについて自分で考え判断できる、力強い読み手を育てねばなりません。

●書かれている例のあり方を検討する

説明的文章の場合、本論部分にはいくつか例が示されています。書き手（筆者）は、それらを並べて述べることで読み手（読者）を説得しようとします。

A、B、C三つの例が述べられている文章があるとすると、授業では「どんなことが書いてあるか」をよく問います。もちろんどんな内容かを捉えることは大事です。しかし、それだけで終わったのでは叙述内容を確かめるだけです。思考力、判断力、表現力の伸長という点では、さして生産性があるとは言えません。

そこで、筆者の意図を推しはかる学習を取り入れます。例えば、なぜ筆者は事例としてA、B、Cの三つにしたのか、AとCの二つではだめか、他にはないのかと考える学習です。事例というのは、具体を示すことで筆者が読み手を説得しようとよくよく考えている部分ですから、筆者の考え、発想が比較的わかりやすいところでもあります。

言語活動としては、これらの問いについて考え（理由）をノートに書く、書いた理由についてペアで、グループで話し合う、学級全体で意見交流をするといった「小さな言語活動」を駆使します。これによって各例の共通点、相違点が明確になります。

また、なぜA、B、Cの順に述べているのか、書き方（形式面）について検討することもできます。

組めます。

筆者の意図を見いだし、この順序はわかりやすいかどうか根拠を示して話し合う学習は、楽しく取り

●自分の考えをつくる

A、B、Cの三つの例を配した筆者の意図、考えを推しはかることができたら、次はその筆者の意図に賛同するかどうかです。

「私も、筆者と同じように……」としたい子もいれば、「私は、筆者の考えと違って……」と言いたい子もいるでしょう。いや、こうした反応をすること自体に、なかなか慣れていないのが実態でしょうか。文章はそのまま受け取って、筆者が言いたいこと、筆者の説得の仕方をそのまま受け取ることが説明的文章を読むことだ、と教えられてきたなら、それも無理はありません。しかし、それでは新しい見方や考え方を生み出すことはできません。

授業では、筆者の考えと自分の考えを比較して「私なら、こうする」という自己主張を、その理由とともに書きつけたり、話し合ったりさせます。筆者に向き合い、筆者に主張していく読み手を育てたいと思います。

もちろん同じ考えなら同じでいいのです。なぜ同じでよいのか、その理由を本文のことば、表現のあり方を根拠にしっかりと述べることができれば、すばらしいことです。

教師の考えを押しつけるのではなく、学習者が自身の論理で考えをつくり、それを筋道立てて、文

字で、音声で表現する言語活動の場を大事にしたいと思います。読むことは、自己を表現することなのですから。

「批判的に読む」ことのポイント

＊「なるほど」「そうではない」「なぜか」など、納得や反対、疑問をもちながら読む（＝批判的に読む）力の伸長を。

＊説明的文章の場合、筆者が本論部の例をどのように書いているのか、内容と書き方から検討する。

＊筆者の意図（考え方）に対して自分はどのように考えるか、理由とともに意見を書いたり、話し合わせたりする。

＊読んだことについて自分で考え判断できる、力強い読み手を育てる。

図表や写真を読む

●読みの対象としての図表や写真

読むことと言えば、文学や説明文がすぐに頭に浮かびます。しかし、ＯＥＣＤによるＰＩＳＡ調査（生徒の学習到達度調査）では、読解の対象として、図表や絵、写真などが位置づけられました。他にもグラフ、地図、宣伝・広告、証明書なども取り上げられています。これらは「非連続型テキスト」と呼ばれ、物語や説明など文章、段落から構成されている「連続型テキスト」と区別されます。だらだらと文章で書いてあるより、一枚の図や表、写真のほうが言いたいことを端的に示している、そういうことはよくあります。これは裏を返せば、図表や写真は、その表している内容、意味を的確に、また豊かに捉えねばならないということでもあります。

●各教科等で意図的に

こうした非連続型テキストの情報を処理・活用することは、本来社会科や理科、算数・数学科、総合的な学習などが得意とするところです。例えば社会の教科書（東京書籍）では、五年の「これからの食料生産とわたしたち」の単元に、「食料品別の消費量の変化」「食料品別の輸入量の変化」「日本と主な国の穀物自給率の変化」の三つの折れ線グラフが並んで掲載されています。それらから何が読み取れるか、また三つのグラフを合わせると何が明らかになるか、本文とあわせて理解することが重要となります。理科や算数・数学、家庭科などでも同様なテキストの状態、傾向は認められます。

各教科等でも非連続型テキストを読み取ることを読解力育成との関係で意識し、図表や写真の指導にあたりたいものです。日本の子どもたちは、この種の「読解」は必ずしも得意ではありません。

●思考・表現を促す活動とセットにして

授業では、図表や写真からわかったことを根拠、理由とともに箇条書きで、また長めの解説文として、という具合に書いて説明させます。書き記したことは、隣の子と、またグループで根拠を示して話し合う学習活動へとつなげます。非連続型テキストを読む学習を、こうしたことばで思考し表現する「小さな言語活動」とセットにして積極的に位置づけましょう。

国語科教科書にも非連続型テキストを取り入れた教材文が、説明文教材をはじめとして増えてきていますので、こうした学習スタイルを国語科の授業では行うことになります。が、先にも述べたように、非連続型テキストは社会科や理科の教科書や資料集にたくさん出てきます。したがって国語科以外でこそ積極的に導入し、活用してもらいたい学習スタイルでもあります。

●図表や写真を用いて説明することへ

図表や写真は、自身の考えを伝えるために活用することも大事です。レポートや論文を書くことを思い浮かべれば納得できます。図表や写真に変換、加工するよう促していきましょう。パソコンを使ってプレゼンテーションを行う機会も増えました。わかりやすいプレゼンテーションのためには図表、写真、動画を効果的に見せることが必須です。各種ソフトやデジタル機器も駆使させます。

伝えるべき内容を適切に図表化し、それをことばで的確に説明する。データを解析し、得られた考えを構成して論理的に表現する力は、今後ますます求められるようになります。読解力、表現力を柔軟に、多様に捉え、学習場面を開発するよう努めていきましょう。

「図表や写真を読む」ことのポイント

*図表や写真（非連続型テキスト）が示す内容を理解することも読解力。
*社会科や理科など各教科等でも、非連続型テキストを読む力を意図的に。
*図表等が示す事柄を、根拠とともに短く書いたり話したりする「小さな言語活動」を。
*伝えたい内容を図表化させ、自分のことばでどんどん説明させる。

第4章

授業研究を進めるために

よい授業のイメージをつくる

●実践記録に学ぶ

授業力を磨くために校内外の研究授業を参観することは、よく行われます。子どもと教師のやりとりをライブで見ることができるのですから、観点を定めて（ここが大切）見ること（見ながら考えること）は、たいへん有益です。

しかし、頻繁に参観するわけにはいかないところが難点です。そこで、活字になっている（書籍として刊行されている）実践記録を読んで学ぶ、ということに取り組んでみましょう。

実践記録といっても、『大村はま国語教室』（筑摩書房、一九九一年）のような全集、著作集レベルの大部なものから、教育雑誌に掲載されているコンパクトなものまで様々です。いずれにしても、授業の逐語記録を中心とする実践の事実が示され、意図や意義、課題が解説されているものを指します。

●実践の「息づかい」を読む

次に示すのは、長岡文雄『考え合う授業』（黎明書房、一九七二年初版、一九八六年新装版）所収の五年社会科「日本の農業の動き」の授業記録の一部です。（長岡氏は現在の奈良女子大学附属小学校に三七年間勤務後、兵庫教育大学附属小学校初代副校長、兵庫教育大学教授、佛教大学教授を歴任された日本の社会科教育を代表する実践家の一人です。）

Ｔ１　そうするとどういうことになるのか。もう農業はつぶれてしまうということなの。
Ｃ１　新しいやりかたで食品ができるようになったら農業はなくなる。
Ｃ　（騒然）
Ｃ２　もっといい機械ができてくるから楽になるし。
Ｔ２　農業はつぶれてなくなると書いている人がありましたよ。
Ｃ３　あれ、だれよ、なんていうことを。
Ｔ３　もう農業なんかなくなる。
Ｃ　（騒然）
Ｔ４　ちょっと。もう農業はなくなるという人。――あれ、おらんようになったな。
Ｃ４　おかしい、おかしい。
Ｃ５　自分が書いたのになあ。
Ｔ５　じゃあ、途中から、だんだん考えが変わってきたのだな。これは、初めの考えだったのだな。農業はなくなってしまうだろうか。

C６　減りかけても、途中から、またふえてくるのとちがうかな。
C７　農家はなくなるけど。／C８　農業は絶対なくならんな。
T６　おかしなことというなあ。
C９　エエー。／C10　専業農家はなくなる。
T７　農家はなくなるが農業はなくならないて。
C　（騒然）
T８　解説がいるぞそれは。仲嶋君。　（※前後は略。T、Cの番号は吉川。）

子どもたちの考え（反応）を上手に生かし、受けて、問いかけています。T４やT８など、どんなふうに言ったのでしょうか。興味のあるところです。

また、考えが変わってきたことを確かめ改めて問い直すT５や、とぼけたように言いながら子どもの思考を誘っているT６などは絶妙です。「騒然」とする子どもたち、T８のように言われて意気込む仲嶋君の姿など、教室での教師と子どもたちの熱く知的な「息づかい」が聞こえてくるようです。

「〜ことなの」「〜ましたよ」「〜だな」などの教師のやさしく穏やかな口調。「あれ、だれよ、なんていうことを」に見られる子どもたちの肩の力を抜いた発言。伸び伸びとした自由な雰囲気を、授業に、教室に、つくりだしたいと思います。

●シミュレーションする

こうした授業の逐語記録は、実際に授業者や子どもになったつもりで、一人で声に出して言ってみます。同僚といっしょに教師役と子ども役を作り、（校内研修などで）模擬授業風にやってみるのもいいでしょう。「こういう感じで言ったのかな」「なるほど、ここでこういうことを問うのか」「私なら、こうは言わないなぁ」「なぜ、この子は、こう答えたんだろう」などのつぶやき、意見が出てくるように、自己の授業のあり方と比べながら実践の解説部分も含めて読んでみましょう。

●よい授業の要件をつかむ

よい実践には、ねらいや指導法など、共通するものがあります。実践記録をたくさん読んで、それらを実感的につかむことです。現在、過去を問わず様々な実践記録にふれて、よい授業の要件を見いだし、自分の授業を積極的に変えていくよう努めたいものです。

「よい授業のイメージをつくる」ためのポイント

＊よい授業のイメージは、「見る」だけでなく「読む」ことでつくる。
＊実践の「息づかい」を感じ取る読み方を。そのためには、授業の逐語記録を声に出して読む（役割読みする）ことも効果的。

●無くて七癖

授業をするということは、一種のパフォーマンスでもあります。ですから、そこには教師それぞれの癖、言動様式のようなものが必ずあります。

授業をはじめ、あなたが子どもに対するとき、自身の話し方、行動に（よくも、悪くも）どのような特徴があるか、つかんでいますか。

例えば、教室で次のような話し方をする人がいます。

・「いいですか」という言葉から切り出して話を始める。
・語尾が曖昧で聞き取りにくい。
・やたら声が大きい。
・同じ文言を繰り返して説明する。

以下のような「非言語コミュニケーション」に関するものもあります。

・視野九〇度以内でしか子どもに向き合えない。（または、決まったほうを向いての話が多い。）
・表情に変化がない。（子どもの反応に関係なく、淡々と進める。）

マイナス面ばかり挙げましたが、もちろん好ましい特徴もあります。要は、それらを自身が自覚し、よい特徴にはさらに磨きをかけ、適切でない癖は直すよう意識して日々臨んでいく構え、姿勢をもっているかどうかです。

●録画、録音する

自身の「無くて七癖」を把握するには、授業を録画、録音し、モニターしてチェックすることが必要です。

自分の姿を見たり、声を聞いたりするのは誰でも嫌なものです。「こんな話し方してるの？」「落ち着きがないな」など、あらがいろいろ見えてくるからです。しかし、だからこそ見ないといけないのだと思います。

教師というのは、見られる立場にある職業です。とりわけ子どもたちには毎日、毎時間見られています。にもかかわらず、見られている教師自身が、相手からどのように見えているのか知らない、わかっていないというのは、なんともお粗末な話です。

若い教師の研究授業を見る機会が、しばしばあります。しかし、そうした多くの教室でビデオが回っていることは、残念ながらあまりありません。授業後の反省会で「なぜビデオを撮らないのですか」と聞いても、なぜそんなことをする必要があるのかといった反応です。愕然とします。

うまく授業ができない、子どもがなかなか発言してくれない、そう思っているなら、自身の指導のありようを徹底的にチェックすべきです。説明が多すぎるからなのか、受け答えの仕方がまずいのか、発問がよくないのかなど、厳しく見つめ直さないといけません。

●授業データを文字化する

録画、録音した授業を見る、聞くだけでも意味はありますが、できれば研究授業などの記録は、文字化したいものです。便利なソフトもあるようですが、自分の目で、耳で確かめながら、文字に起こしていく営みが大事です。その過程で、何気ない子どものつぶやきや言いよどみに、その子の思考、意欲を見つけることもできます。

わたしは結構早口のようです。これを強く思い知ったのは、教師になって三年目のことでした。当時はビデオがまだ普及しておらず、研究授業をした際に、カセットテープに（！）録音し、それを帰宅後に聞いては書き起こしていきました。ところが、あまりに早口で、聞き取れない箇所がたくさんあったのです。

また、ノートを半分に分け、左側に教師の発話を、右側に子どもたちの発話を、言ったそのままに逐一全部記述していったのですが、教師側ばかりに文字がずらーっと並んで、右側の欄はぽつぽつとしか埋まりませんでした。わたしがしゃべってばかりの授業でした。

これらは、自分の手で記録を文字に起こしていったからこそ実感できたことでした。以来、できるだけゆっくり話そう、子どもたちの意見を受けるようにしようと努めました（ています）。

●事実に基づいて反省する

録画、録音し、文字化することのよいところは、事実に基づいて授業を振り返ることができる点です。指導者が実際に言ったこと、学習者が実際に行ったことを的確に捉えず、雰囲気、印象だけにたよった授業反省をいくら語り合っても、そこからは足腰の強い授業も、豊かな発想をもった学習者も生まれはしません。

授業の事実を大切にする教師になりたいものです。

「授業を見つめ直す」ためのポイント

＊研究授業はもちろん、普段の授業もできるだけ録画、録音し、指導のありようをチェックする。
＊記録した授業を自分自身で文字化し、課題を見いだす。
＊授業の事実を見つめ、議論、考察する。印象で語らない。

「我が身の研究授業」にする

●「他人事の研究授業」と「我が身の研究授業」

授業の力量を高めるために研究授業を行うことは不可欠です。研究授業は授業者が校内外の教員に授業を公開し、放課後に協議するのが一般的です。授業者は綿密な教材研究、学習指導案の作成、当該学級の児童生徒の育成など、多くの労力を費やします。大変ですが、苦労したことは有形無形に自身に、そして子どもたちに返ってきます。研究授業はやった本人がいちばん得をします。

一方で、もったいないと思うのは参観者側です。わたしも含めて参観する側は、まあ気楽なものです。見ていればいいわけですので。極端な言い方になりますが、所詮「他人事」です。そして事後協議の場では、ひとこと感想を言えばすみます（という場合も少なくありません）。「我が身」に降りかかる要素は少ないので、授業者に比べると勉強になる内容、度合いはぐっと下がります。なんとか研究授業を参観者にとって「他人事」のものから「我が身」のものへと転換できないでしょうか。

●記録しながら参観する

わたしは研究授業を参観する際には、状況が許す限り原則として、授業者と学習者の発言を逐一記述することにしています。行動や板書事項も、よい点、気になる点を書き留めます。その時々の感想もメモしていきます。後の協議の際に授業の事実を大事にして考察、発言したいという思いからです。ところが、中には一切メモはとらずにじっと腕組みして参観する人もいます。もちろん大きな流れを見たい、特定の気になる子を見定めたい、そういう理由で書くことをあえて控える場合もあるでしょう。また、参観するとなると自分の学級を自習にしなければなりません。教室を行き来しながら廊下で立って参観という場合もあるかと思います。記録するどころではないこともあるでしょう。

問題は、そうした事情が常態化してしまって、授業の事実を自分なりにしっかりと記録し、リアルタイムで（記述しながら）考察する行為が皆無となってしまうことです。

係が記録しているのでメモする必要はないという考えもあるかもしれません。しかし、それは他人が書いた記録。思い出す一助にはなりますが、実感的で具体的な考察がどうしても抜け落ちます。事実を記述し、自分の考えを書き込みながら、「我が身」に引き寄せた参観に取り組みたいものです。

●自己の実践課題をもつ

授業の記録を取りながら考えたことを書き留めるには、自身が実践上の課題をもっていなければなりません。共通する問題点には意識が向きますが、そうでない部分は流していくものです。

発問後も子どもたちの意見を聞けず矢継ぎ早にしゃべってしまう、発言内容を板書に構造的に整理できない、グループ討議を導入するタイミングと討議中の指導のあり方がわからないなど、指導者のキャリアや学習者の状況によって、大きな課題から小さな課題まで様々に考えられます。学校で共通の実践テーマが設定される場合もあるでしょう。こうした課題をどれほど自覚しているか、解決したいと願っているかによって、参観する姿勢は違ってきます。実践課題が参観課題になり、「他人事の研究授業」ではなくなるからです。課題解決につながる授業場面でペンの勢いは増します。

今、自身にとっての実践課題は何か。参観する前に確認し、参観中に同じ問題事象や解決につながるヒントを見いだす。そして、事後の協議で確認し、得られた（ひとまずの）答えや改善策を自分の教室で試してみる。このサイクルを作ることが大事です。

●研究授業を「翻訳」する

先に挙げたような実践課題は、どの教科等でも共通するものです。専門教科の如何にかかわらず、「教科学習の指導」として誰もが抱える問題であり、解決しなければならない課題であるはずです。ですから、国語科を専門、得意とする人でも理科の授業に課題解決のヒントは見つけられるものです。目を凝らして見つけてみましょう。意外と新鮮な目で捉えることができ、自分の教科に生かせる手がかりが得られることが少なくありません。

これを比喩的に「翻訳する」と呼ぶことにします。他教科の実践の知を自分の専門とする教科の授業づくりに生かす。研究授業の内容や方法を「我が身」の立場に「翻訳」する。こうした行為を意図的、積極的にできる人が、質の高い、ユニークな実践を開発できます。

この「翻訳」する力、基本的に全教科を担当する小学校の教師は身につける機会があるのですが、教科担任制の中学校・高等学校の教師は意識するのが難しいようです。時間的な制約もあるのでしょうが、他教科の研究授業をじっくり見ようということにはあまりならないのが現状です。

新たな発見をし、パターン化した授業から脱却するよいチャンスだと捉え、ぜひ一度「翻訳」作業に出かけましょう。「翻訳」の場、機会を積極的につくりましょう。これは、幼―小、小―中、中―高などの交流授業（参観）の場合にも有効です。

「我が身の研究授業」にするためのポイント

＊研究授業では、参観者各自が授業の記録をとりながら、気づきや考察を逐次記述することを基本スタイルとする。
＊各自が自己の（または学校で共通の）実践課題をもつ。その観点で見る。考える。
＊「教科学習の指導」という枠組みで参観。参観授業を自分の教科に「翻訳」する。

ねらいが明確で、シンプルな授業

――学習指導案作成に向けて（1）

●授業力向上の必須条件――研究授業

「授業力を向上させるためにはどうすればいいでしょうか」そう問われたら、私は研究授業をすること、と即座に答えます。

教材を綿密に研究し、学習指導案を書く。授業を公開し、批評を得る。同じ学年や教科の人一人だけに見てもらうのでもかまいません。とにかく、通常以上に教材と「格闘」すること。そして、その成果を授業プランとして文章表現し、実際の授業として他者の目にさらす。これを嫌がらずに繰り返すことです。この回数が多ければ多いほど授業力は確実に向上していきます。そして、それはそのまま子どもたちの、学級の成長に直結します。

●やはり学習指導案を書かないと

もちろん、研究授業などと肩を張らず、普段の授業を一〇分だけでも見てもらう。こういうことを頻繁に行うことも、とりわけ経験年数の少ない人にとっては大事です。

しかし、学習指導案をきちんと書いて行う授業は、それとは別に必ず一年に一回は（せめて学期に一回は！　と言いたいところですが……）やるべきです。あれこれ考え、悩み、そこから授業プランをしぼり出してくる。こういう経験が乏しい教師の授業は、重みがなく、深まりや広がりのないものになっていることが多いように思います。

●ねらいを定めて、シンプルに

そうは言っても、この学習指導案、なかなか簡単には書けないものです。

一つは、この教材でこんな力をつけてやりたいというねらい、願いが指導者自身に明確にない場合です。学習したことを活用して表現する力をつけたい、そういうねらいがあれば、活用させる方法（表現方法）としては、この教材の特性や子どもたちのこれまでの学習経験を踏まえて、この単元では解説型のまとめをさせよう、ということになります。また、そのためには、まとめる材料として何をこそ捉えさせておかないといけないかという学習内容、授業展開の確認にもつながります。この点が曖昧では、なかなか授業の構想はまとまらないでしょう。

もう一つは、教材研究をし、同僚と話し合う中で、あれもこれもと欲が出てきて、逆に小難しく、理屈っぽい、複雑な授業づくりに陥る場合です。もちろん深く教材について知ることは必要です。ただ、四五分や五〇分の授業の中でできることは限られています（でも、無駄に時間を使っている授業

＝子どもたちに楽をさせすぎている授業も結構あるのですが……）。

一単位時間の授業を、子どもたちがひとまとまりの学習として実感できるような構成にすることが大事です。「この時間はこれを学んだのだな」と彼らが実感できるよう、ねらいと学習活動をしぼって、シンプルな授業をめざしたいものです。指導している教師が進め方をややこしこく感じる授業で、子どもたちがすっきりとわかっていることはまずありません。

●一貫した捉えと記述を

学習指導案の冒頭には「単元の趣旨」とか「授業づくりについて」という部分があります。教材観、児童（生徒）観、指導観といった観点で記述するのが一般的です。ここに、一貫性が欲しいと思います。

小学校四年の国語科の文学教材「ごんぎつね」の学習指導案で、こういう書きぶりがあったとします。「この作品は、ごんの心情を読み取るのにふさわしい表現が多い」（教材観）、「元気に挨拶ができる。発表も少しずつできるようになってきた」（児童観）、「毎時間必ず音読をする。どの子にも発表する機会を与えたい」（指導観）。このように書かれている授業のねらいはなんでしょうか。？？です。

授業でねらう力と、それに合致した教材の内容と指導方法をセットにし、限定的に記述しないと、ねらいの明確な、シンプルな授業はできません。「ごんの行動や様子から心情を読み取ることが豊かにできる教材」「人物の様子から心情をイメージできることに少しずつ意識が向いてきている」「音読したり視写したりすることで、ごんの行動や様子を具体的に捉えさせ、心情把握につなげるようにする」のように一貫した記述を心がけ、ねらいのはっきりとした（すなわち、仮説＝授業で意図的に取り組む事柄の宣言のある）学習指導案、授業にしたいと思います。

「ねらいが明確で、シンプルな授業――学習指導案作成に向けて（1）」のポイント

*どんな力をつけるのか、ねらいが明確であること。

*ねらいに即したシンプルな授業構成を心がける。中核となる学習活動をしぼる。

*教材観―児童（生徒）観―指導観に一貫性をもたせ、限定的に記述する。網羅型にしない。

具体的に書く　――学習指導案作成に向けて（2）

●抽象的な「本時の学習」

学習指導案の中心となるのは「本時の学習」部分です。どのように一時間を展開するのかを示すわけですから、書き上げるのに悩む部分ですし、最も重要な部分でもあります。ところが、ここが抽象的で実際の授業に機能しないものになっていることが多いように思います。

「この先生、いったい何を、どうしたいのだろう」――学習指導案をいただくと、読んではみるのですが、子どもの活動している具体的な様子が、教師の言動が、なかなかイメージできないことがしばしばあります。

●到達点の内容を明示すること

「本時の目標」で気になるのは、到達点の中身を書かないあやふやなものが目立つことです。

小学校四年の国語科「ごんぎつね」の授業。「来る日も来る日もくりや松たけを持っていくごんの気持ちを読み取ることができる」と「本時の目標」欄に書いてあったとしましょう。最も多いパターンの書きぶりですが、これでは不十分です。ごんの、どのような気持ちを読み取らせたいのですか？よくわかりません。例えば、「……持っていくごんの兵十に対する申し訳ない思い、つぐないたいという思いがどんどん高まっていることを読み取ることができる」というふうに書きたいと思います。

ここが定まっていないと、これを越える読み（考え）も、ここに至らぬ読みも、どちらも見極められず、次の指導の手を打つことができません。

到達点の内容を具体的に明示できない「本時の目標」は、指導者の「逃げ」である、と心したいものです。（少々厳しい感じですけれど。）

●学習活動の焦点化

「学習活動」の欄を見ると、時折七番、八番の活動まで設定されている場合があります。丁寧といえばそうかもしれませんが、これでは何が大事な学習活動なのかよくわかりません。するべきことを順番に並べた、覚え書きのような感じもします。

基本は「導入―展開―まとめ」の三段階です。中核となる「展開」部分が二つに分かれると、全体では四分節ということになります。これぐらいのまとまりで一時間の授業を構成したいものです。シンプルなまとまりは子どもたちにも意識できますが、細切れのたくさんの活動では、何を学んだのかわからなくなってしまいます。

「本時の目標」を達成するために必要不可欠な学習活動を決め、それを「学習活動」の欄の真ん中にまず位置づけましょう。そして、そのメイン活動をじゅうぶんに行うためには、前段階で何をこそやっておくべきか、またメイン活動を受けて、その後の学習活動は何をどのように行うことが好ましいか、という発想で三または四段階の「学習活動」を構成したいものです。

そして、導入段階でもたもたせずに、子どもたちのペースに配慮しつつも、一刻も早く、この中核部分の学習活動に踏み込みましょう。

●「指導上の留意点」の意図を明確に

「学習活動」の欄と対応する形で記述されるのが「指導上の留意点」の欄です。ここには、設定した学習活動の成果を上げるための手立てが具体的に記されるはずです。しかし、実際には曖昧な記述がしばしば見られます。

例えば、「〜であることに気づかせる」とだけ書く場合がよくあります。気づかせたいという「願い」はわかります。でも、この「願い」をどのような発問や作業によって実現させますか。そこを具体的に書かないと、実際の授業では役に立ちません。「〜と比べることによって〜に気づかせる」というようであれば活動が見えてきます。

「〜がわかるように板書を工夫する」も一見よさそうですが、これではどのような板書にするのかわかりません。「工夫します」と宣言しているだけです。どんな構造の板書にするのか、何と何を関係づけて、どのようなことに気づかせるのか、それを明記すべきです。「〜を押さえる」というのもよく使われる曖昧用語ですが、同様です。

発問をそのまま書く場合もありますが、大事なのは、その発問、その板書の工夫など、手立ての観点や理由をきちんと示すことです。

「本時の目標」に向かってせり上がっていくために、その学習活動で何をねらうのか、それがはっきり捉えられていないと、雰囲気だけの、弱い「指導上の留意点」から抜け出すことはできません。

「具体的に書く――学習指導案作成に向けて（2）」のポイント

＊捉えさせたい内容（事柄）を表に出して示す「本時の目標」にする。
＊学習活動は、本時の中核になるものをまず位置づけ、前後の活動を整理する。
＊ねらい、意図、観点を明示した「指導上の留意点」を。曖昧にしない。

学習指導案にささやかな「宣言」を

● 学習指導案で授業の質を高める

学習指導案の作成は、いざ書くとなると相応の時間と労力を費やす作業です。そこで、気楽に見合うために学習指導案はなしに、という研修スタイルもあります。授業の雰囲気、学級経営のあり方のヒントを学び合えますから、これはこれで意義のあることです。

しかし、授業の質を高めよう、求める授業像を学校（教科）全体で共有しよう、授業の見方を多角的に深めようとすれば、学習指導案を書き、それに基づく検討、協議は必須です。学習指導案は授業者の授業改善、授業創造に向けての考え、実現予測等が具体的に記されるものだからです。

授業は意図的な取り組みです。こんな力をつけたい、そのためにこの教材をこう解釈したい、そしてこんな手立てを用いて指導したい――そんな願いと企てをもって授業をつくりたいと思います。

● 意図的な指導をめざして「宣言」を

しかし、残念ながらその意図的な取り組みについての記述が弱い学習指導案もあります。それなりにたくさん書いてあります。読みにくい文章でもありません。形式も整っています。しかし、「普通」なのです。（普通であることは大事なことですが）当たり障りのない無難な感じなのです。「今回の授業、私はこのことに力を入れるからね！」「このことを大事に扱うから」「ここの活動がこんなふうにうまくいってほしいんだ」というような熱い思いや願い、それらを読み取ることができません。

研究授業を自分の成長にとって、そして参観者にとっても意味あるものとするために、右に挙げたような意図や思い、願いを学習指導案に記述しましょう。「こんなことに取り組む授業にしますよ」と、学習指導案上で「宣言」をするのです。一つだけ、ささやかな「宣言」でかまいません。

学習指導案を書く際の「宣言」箇所の候補は、まず教材観と指導観です。教材観の場合、「多くなされている授業では〇〇の観点から〇〇のように本教材を捉えられることが多い。しかし、今回は△△の観点から△△のように教材へのアプローチを試みることにする」といった感じです。もっと簡便に「〇〇を重視したいと考え、本教材の△△の点に着目した指導をする」というのでもよいでしょう。

指導観の場合は「〇〇という教材の価値を捉えさせるために、△△の思考をはたらかせる学習活動を設定する。例えば□□などである」とか「△△の観点で自己の考えを書きまとめる学習活動を各時間、単元を貫いて設定する。これよって、〇〇の見方を育てることができる」という具合です。教材観、指導観どちらか一方での「宣言」で十分ですが、これらは連動するものでもあります。双方を関連づけて「宣言」できれば、より意図が明確な授業になります。

次に、「本時の展開」の部分の「宣言」は、学習活動や手立てのあり方で示すことになります。ユニークな実験の仕方、開発した資料の活用の仕方、主人公の心情に深く迫る書く活動のあり方など、これが本授業のポイントだというものをはっきりと示します。手立て欄には「これによって○○の考え方（発見）に気づかせたい」「△△が話し合いを深めるための要点である」など、観点を示すことも考えてみたいものです。当然これらは教材観や指導観と対応します。

●指導技術の「宣言」も

初任者や経験の浅い人は、指導技術の面に特化した「宣言」でもいいでしょう。例えば、「指導観」や「本時の学習」の手立て欄に「できるだけ指導者の話を控え、子どもたちの発言を聞いてまとめる授業にする」などと示します。「笑顔で授業する」「早口にならないようゆっくりしゃべる」などがあってもよいでしょう。これらを「指導観」などに書くのはちょっと……というのであれば、欄外に枠囲みで別に示すのも一案です。かえって目立ち、強調されていいかもしれません。

●「宣言」に即した（限定した）協議を

せっかく学習指導案で「宣言」したのですから、事後の協議会もできるだけその「宣言」に即した観点、内容で行うようにしましょう。もちろん全体的な感想や別の筋からの意見があってもかまいません。が、協議の柱には必ず入れるようにします。そして、そのことを中心に時間もたっぷりとって検討できれば、と思います。それが、「宣言」して公開してくれた授業者への礼儀でもあります。

●肩を張らずに、気楽に「宣言」を

校内研修会など仲間内の形式張らずに行える研究授業の学習指導案なら、レイアウトも含めてちょっぴり大胆に、個性的に「宣言」してみましょう。授業はうまくいかなくて当たり前。チャレンジすることこそが力量を上げるために大事なこと。それくらいの気持ちで肩を張らずに取り組みましょう。

「学習指導案でささやかな『宣言』をする」ためのポイント

*授業は意図的に行うもの。その意図を「宣言」として学習指導案に明記する。

*「宣言」は、教材観、指導観を中心に。それを本時案で学習活動、手立てとして具体化する。

*経験の浅い授業者は、指導技術に特化して学習指導案で「宣言」するのも有効。

*事後協議は「宣言」に即して。

初出一覧

本書に収めた論考の初出は、以下のとおりである。ただし本書に所収するに際し、すべて加筆修正を施した。（『兵庫教育』は、兵庫県立教育研修所編集、兵庫県教育委員会発行の月刊誌。『教育新聞』は、教育新聞社発行の教育専門全国紙。）

第1章　授業づくりの基盤　──授業に生きる学級づくり──
よい教室の雰囲気をつくる　（『兵庫教育』六八八号、二〇〇八）
思慮深い子どもを育てる教室に　（『兵庫教育』六九八号、二〇〇九）
学びの場を整える　（『兵庫教育』七四二号、二〇一二）
子どもとの関わりを深めるための聞くことを　（『兵庫教育』六七六号、二〇〇七）
「話すことのモデル」をめざして　（『兵庫教育』六七四号、二〇〇七）
子どもを捉え、子どもから学ぶ　（『兵庫教育』六八〇号、二〇〇七）
教育実践の計画を立て、さあ始動！　（『兵庫教育』六八六号、二〇〇八）
あなたの実践課題はなんですか？　（『兵庫教育』七四六号、二〇一三）
「聞くこと」の充実から始める学級づくり、授業づくり　（『兵庫教育』七一〇号、二〇一〇）
上手にほめて指導する　（『兵庫教育』七一六号、二〇一〇）
積極的に評価のことばを　（『兵庫教育』七四四号、二〇一三）
子どもたちに発言の場と機会を　（『兵庫教育』七四八号、二〇一三）
授業における発言力を伸ばす（『兵庫教育』七五四号、二〇一三）
対話的に書いて、子どものやる気を高める　（『兵庫教育』六八四号、二〇〇八）

第2章　確かな授業づくりに向けて
「学習」を「指導」する　（『兵庫教育』六九六号、二〇〇九）
もう五分、子どもに返す　（『兵庫教育』七〇四号、二〇〇九）
比べ、つなげる指導　（『兵庫教育』七〇〇号、二〇〇九）
学びを深める授業　（『兵庫教育』七〇二号、二〇〇九）
判断する機会と場をつくる　（『兵庫教育』七三六号、二〇一二）
学習のステージを上げる　（『兵庫教育』七五〇号、二〇一三）
ことばで表現する力の育成　（『兵庫教育』七一四号、二〇一〇）
学習活動の「粗」と「密」を意識する　（『兵庫教育』七二二号、二〇一一）

受けて聴く、問うて出る（『兵庫教育』七一八号、二〇一〇）
板書の工夫は、授業の工夫　（『兵庫教育』六八二号、二〇〇七）
「自分のことば」で表現する子どもの育成　（『兵庫教育』七〇八号、二〇一〇）
見通しをもつこと、振り返ること　（『兵庫教育』七一二号、二〇一〇）
ペア・グループでの交流活動を授業へ　（『兵庫教育』七五六号、二〇一四）
学習の手引き、モデルによる「話すこと」「話し合うこと」の指導　（『兵庫教育』七三四号、二〇一二）
「心に残った授業」を振り返る、記述する　（『兵庫教育』七二〇号、二〇一一）
ノート指導の充実　（『兵庫教育』七〇六号、二〇〇九）

第3章　授業を支える言語活動

「言語活動の充実」で授業観の転換を図る　（『兵庫教育』七三〇号、二〇一一）
言語活動を充実させ、確かで豊かなことばの力を　（『兵庫教育』七三八号、二〇一二）
教師の言語活動と子どもたちの言語活動　（『兵庫教育』七四〇号、二〇一二）
「説明」することをもっと授業へ　（『兵庫教育』七二六号、二〇一一）
授業を活性化する書くことの開発　（『兵庫教育』七二八号、二〇一一）
学んだことを「まとめる」言語活動　（『兵庫教育』七三二号、二〇一二）
言語活動の楽しさの実感　（『ことばの学び』三省堂、第二六号、二〇一二）
読む力をつける楽しい言語活動を　（『教育新聞』第三一〇六号）
叙述に主体的に向かう力を育てる　（『教育新聞』第三一一二号）
大きく捉えて読む　（『教育新聞』第三一一九号）
比べて読む、つなげて読む　（『教育新聞』第三一二六号）
批判的に読む　（『教育新聞』第三一三八号）
図表や写真を読む　（『教育新聞』第三一三三号）

第4章　授業研究を進めるために

よい授業のイメージをつくる　（『兵庫教育』六七八号、二〇〇七）
自己の授業を見つめ直す　（『兵庫教育』六九四号、二〇〇八）
「我が身の研究授業」にする　（『兵庫教育』七二四号、二〇一一）
ねらいが明確で、シンプルな授業　――学習指導案作成に向けて（1）（『兵庫教育』六九〇号、二〇〇八）
具体的に書く　――学習指導案作成に向けて（2）（『兵庫教育』六九二号、二〇〇八）
学習指導案にささやかな「宣言」を　（『兵庫教育』七五二号、二〇一三）

あとがき

「授業づくり」も「学級づくり」も、奥の深い、骨の折れる仕事。これは事実です。人間それも成長途上にある子どもたちを相手にする取り組みですから、型どおりにはいかないことも多いはずです。子どもたちも保護者も以前とは変わったと言われる昨今では、よけいに難しくなっているでしょう。

それでも、そうした大変な仕事を、少しでも好ましいほうに向かわせる手がかりのようなものはあるはずです。教室における教師、子ども互いの振る舞い、行いとして留意すべきこともあるはずです。そうした事柄について、わたし自身がずっと意識して大事にしてきたことや、現在の立場上いろんな教室で学んでいることを中心に述べてみました。

専門が国語科教育学ですので、ことば、言語活動に関する内容に偏った提言、主張になっているかもしれません。しかし、教室で教師や子どもたちがなすことの多くには、ことば、言語活動が介在しています。それらが適切に行われているかどうかは、授業や学級のあり方を大きく左右することはまちがいありません。ということで、ご容赦ください。

本書の内容が何か一つでも参考になって、教室が知的で楽しい空間になることを祈っています。

本書を、昨年（二〇一四年）七月に急逝した妻　初子に捧げます。

本書の初出原稿のほとんどは、「まえがき」にも書いたとおり、兵庫県教育委員会発行の『兵庫教育』という雑誌に七年にわたって連載した「学級づくり」「授業づくり」に関するものです。兵庫県立高等学校の国語科非常勤講師として教鞭を執っていた妻は、「学校の先生に『載ってるね』って、また声をかけられたよ」と、よく報告してくれました。連載が始まって間もないころは、読みやすい文章になっているか、第一番目の読者としてチェックを頼んでもいました。そうした意味でも、この本の出版を楽しみにしてくれていました。

天国からどんな感想を言ってくれるでしょうか。

耳を澄ませることにします。

二〇一五（平成二七）年　五月

著　者

著者

吉川　芳則（きっかわ　よしのり）

兵庫教育大学大学院教授。博士（学校教育学）。

兵庫県生まれ。神戸大学教育学部卒業。兵庫県公立小学校教諭、兵庫教育大学附属小学校教諭（この間に兵庫教育大学大学院修士課程言語系コース修了）、兵庫県教育委員会事務局指導主事を経て現職。

全国大学国語教育学会（理事）、日本国語教育学会、日本読書学会、日本教育方法学会等会員。国語教育探究の会事務局長。

〔主な著書〕
『説明的文章の学習活動の構成と展開』（溪水社、2013年、単著）
『読解と表現をつなぐ文学・説明文の授業』（学事出版、2013年、共編著）
『「新たな学び」を支える国語の授業　下』（三省堂、2013年、共編著）
『クリティカルな読解力が身につく！説明文の論理活用ワーク（低・中・高学年編、中学校編）』（明治図書、2012年、編著）
『思考力、表現力を育てる文学の授業』（三省堂、2010年、共編著）
『小学校説明的文章の学習指導過程をつくる』（明治図書、2002年、単著）

教室を知的に、楽しく！

授業づくり、学級づくりの勘どころ

2015年8月10日　第1刷発行
2016年11月10日　第2刷発行

著　者　吉川芳則
発行者　株式会社　三省堂　代表者　北口克彦
発行所　株式会社　三省堂
〒101-8371　東京都千代田区三崎町二丁目22番14号
（編集）03-3230-9411　（営業）03-3230-9412
振替口座　00160-5-54300
http://www.sanseido.co.jp/
印刷所　三省堂印刷株式会社

〈授業づくりの勘どころ・208pp.〉

ISBN978-4-385-36500-8